M. 1771

# CHRONICON
## BALDUINI AVENNENSIS
TOPARCHÆ BELLIMONTIS

*SIVE*

HISTORIA GENEALOGICA
## COMITUM HANNONIÆ
Aliorumque Principum

*Ante annos quadringentos conscripta*

Primùm nunc edita & Notis Historicis illustrata

STUDIO

*IACOBI BARONIS LE ROY ET S. R. I.*
*Domini Sancti Lamberti.*

ANTVERPIÆ,
Ex Typographia Knobbariana, Apud Franciscum Muller,
sub signo S. Petri. M. DC. XCIII.

ILLVSTRISSIMO ET EXCELLENTISSIMO
## DOMINO
## D. JOANNI DOMINICO DE ZUNIGA,
FONSECA, HARO, ET GVSMAN,
## COMITI DE MONTEREY
ET
## FUENTES:

Marchioni de Taraçona: Baroni de Maldegem &c.

Ordinis Militaris Sancti Iacobi Commendatori Alaniiano,

*Regi Catholico ab intimis cubiculis,*

*Eidemque à Supremis Status Consiliis*

NEC NON

*Supremi Senatus Belgarum Præsidi.*

Lætiora nuntia ex Hispania diu non venêre in Belgium, quam ea, quibus intelleximus EXCELLENTIAM VESTRAM, ex scito REGIS, ejus lateri in arcanis Imperii pertractandis adhibitam. Nam omnes satis gnari, quam sit Ei cordi Belgarum salus, & quam cara Illi Provinciarum Belgii recordatio, quas felicissimè annos complures pro Rege moderata est.

Nunc

Nunc vero dum plufquam decumanis bellorum tempeſtatibus Europa propè univerſa concutitur, Ipſe,

*Ceu Iovis arcanis Minos admiſſus*,

ſalutaria Orbi Chriſtiano conſilia Potentiſſimo Regi ſuggeris.

Vt autem gaudium & affectionem animi mei patefaciam, ſubmiſsè præſento *Excellentiæ veſtræ* munuſculum ſtudiorum & lucubrationum mearum, non mei ſed argumenti fiduciâ; *Chronicon* nempe viri Principis, Balduini Avennenſis, ante annos quadringentos conſcriptum, temporum ſitu fere obrutum; ut ſub ſplendore Clariſſimi Nominis Tui revivifcat, quo in voto finio. Antverpiæ xx Auguſti MDCXCIII.

ILLUSTRISSIMÆ EXCELLENTIÆ VESTRÆ

SERVUS HUMILLIMUS

I. Baro Le Roy et S. R. I.

# TESTIMONIA SCRIPTORUM
## DE
## BALDUINO AVENNENSI
### TOPARCHA BELLIMONTIS.

*Aubertus Miræus in Auctario de Scriptoribus Ecclesiasticis pag. 262.*

BAlduinus Avennensis, *sub annum* MCCLXXXV, *idiomate Latino scripsit Historiam Genealogicam Comitum Hannoniæ, & aliorum procerum: quæ Gallicè & Latinè extat Ms. Parisiis apud* Andream Quercetanum, *& Bruxellæ apud* Chifletios. *Ex* Balduini *opere* Engueramus Magnus, Dominus de Coucy, Oisy, & Montmirel, Genealogiam familiæ de Coucy & Dreux *desumi, & usque ad annum millesimum trecentesimum tertium produci mandavit, hoc titulo:* Le Lignage de Coucy & Dreux.

*Valerius Andreæ in Bibliotheca Belgica.*

BAlduinus Avennensis, Hannonius, vixit sub annum M. CC. LXXXIX, ad quem, initio ducto à Carolo Duce Lotharingiæ, fratre Lotharii Regis, deduxit *Chronicon sive Historiam Genealogicam Comitum Hannoniæ, & aliorum Procerum.* Legitur Latinè & Gallicè ; verùm Gallicum exemplar Latino plenius est : ideoque meritò dubites, an Gallicum sit translatum in Latinum, an verò è diverso. Ex hoc autem *Balduini* opere (ut in Auctario suo de Scriptoribus Ecclesiasticis notat A. Miræus) *Engueramus Magnus*, Dominus de Coucy &c. *Genealogiam familiæ de Coucy & Dreux* desumi, & ad annum M. CCC. III produci mandavit, hoc titulo: *Le Lignage de Coucy & Dreux.* Laudat utrumque opus And. *du Chesne* in Genealogia Luxemburgica pag. 96 & alibi.

Andreas *du Chesne* in Historia Genealogica Domus Luxemburgicæ,
parte III cap. II pag. 36.

Beatrix d'Avennes, *fille de* Bavdouin d'Avennes, *Seigneur de Beaumont en Hainaut, frere de* Jean d'Avennes I *du nom Comte de Hainaut, tous deux enfans de Marguerite Comtesse de Hainaut & de Flandres &c.* Et paulo post. *Mais le principal honneur, dont elle pouvoit se glorifier, est celuy que le Livre du Lignage de* Coucy *& de* Dreux *attribuë à Baudouin d'Avennes son pere,* Qu'il fut li ungs des plus sages Chevaliers de sens naturel qui fut en son temps, bien que moult petit en menu. Et au commencement de ce Livre il est marqué, que *Messire Enguerran Sires de Coucy, d'Oisy, & de Montmirail, le fist extraire l'an mille trois cens & trois, des originaux d'un grand Livre de Chroniques, que le mesme* Bavdouin d'Avennes *Sire de Beaumont avoit, lequel parloit de toutes les anciennes lignées, tant des Roys comme des Barons de France, & y fist accroistre, selon ce que les Lignages estoient depuis creez & multipliez. Ce sont les Chroniques que j'ay citées plusieurs fois sous le nom de Baudouin d'Avennes.*

# LECTORI.

Chronicon Balduini Avennensis quod vobis damus, olim *Chifletiorum* fuit, estque idem cujus meminit Aubertus Miræus in Auctario de Scriptoribus Ecclesiasticis, pag. 262. Nacti illud sumus Bruxellis, una cum Chronico *Alberici monachi Trium-fontium*, quod vetustius multoque majus est, & hactenus typis etiam non editum, utrumque uno volumine comprehensum, miro & antiquo modo ferendo omni ævo, compactum in folio, scriptumque in pargameno, charactere antiquo abreviato, sed legibili, ad quam ætatem referendus sit, incertum, quadringentos tamen annos videtur excedere.

De antiqua lectione & phrasi nihil mutavimus, interpunctiones addere necesse fuit, uti etiam majusculas. De nostro adjecimus breves notationes ad calcem periodorum & ad margines, quas consulto latas fieri curavimus ne lectoribus eruditis deesset spatium addendi sua, vel corrigendi nostra. Valerius Andreas, dum hujus Chronici meminit, *legitur*, inquit, *Latinè & Gallicè; verum Gallicum exemplar Latino plenius est: ideoque merito dubites, an Gallicum sit translatum in Latinum, an vero é diverso.* Porrò multa sunt quæ faciunt ut credam, Latinè primum conscriptum fuisse, licet Gallicum exemplar plenius sit: idem observamus in Joannis Marianæ Historia de Rebus Hispaniæ, cujus exemplar Hispanicum Latino plenius & recentius est. Philippus Labbæus scripsit quoque *Chronologiam Historicam* Latine & Gallice. Uti etiam Joannes Bodinus *libros sex de Republica*, & Hugo Grotius præclarum & numquam satis laudatum Tractatum *de Veritate Religionis Christianæ* concinnavit Teutonice, & postmodum existens in Gallia Latinitate donavit. Sicque plures scriptores opera sua Latino & vulgari sermone ediderunt: quod ex historiis, passim observes.

# APPROBATIO.

Curiosissimum hoc Chronicon Balduini de Avennes, ad Belgicarum familiarum Notitiam illustrandam mirè conducens, cum eruditis annotationibus, *Illustris viri D. Jacobi Baronis Le Roy & S. R. I.* typis meritò evulgabitur. Datum Antverpiæ 11 Augusti MDCXCIII.

ANTONIUS HOEFSLACH
Eccl. Cath. Can. Grad. Librorum Censor.

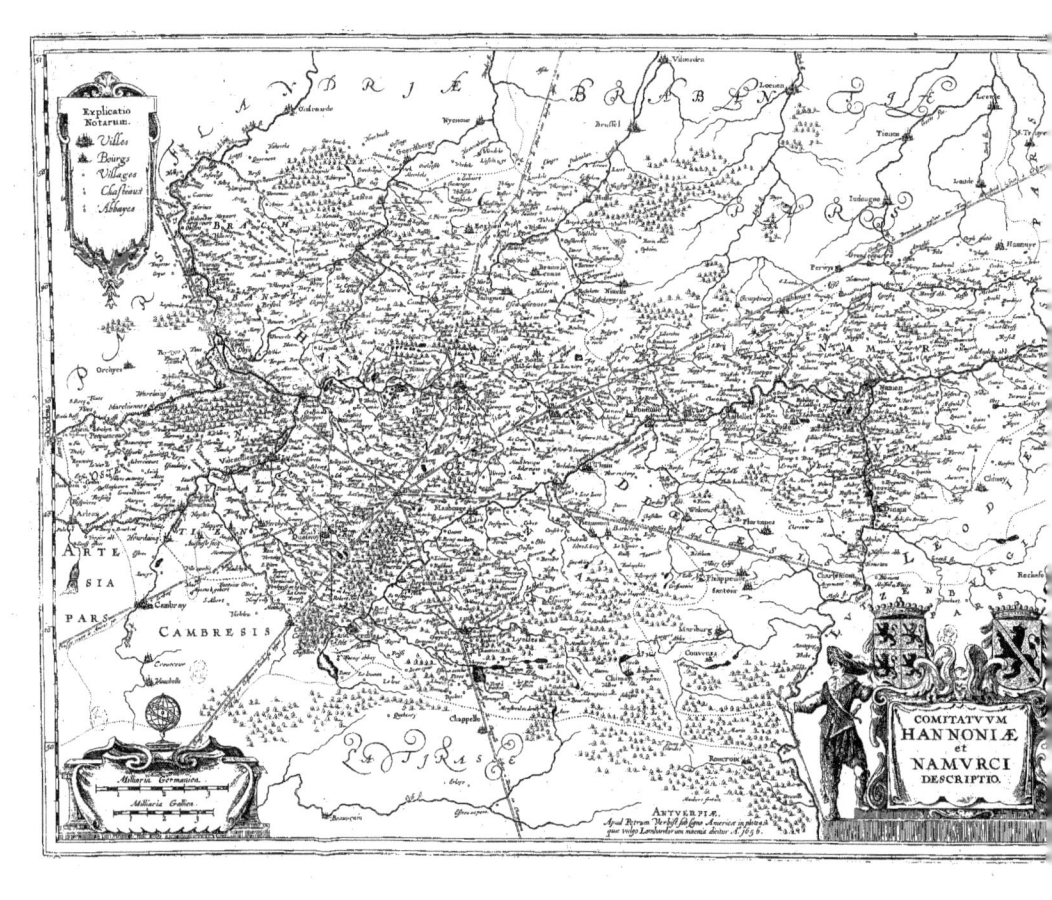

# CHRONICON
## BALDUINI AVENNENSIS
### TOPARCHÆ BELLIMONTIS
#### SIVE
### HISTORIA GENEALOGICA
## COMITUM HANNONIÆ
### ALIORUMQUE PRINCIPUM

*Ante annos quingentos (quadringentos) conscripta.*

KAROLVS, Dux *Lotharingiæ*, frater Lotharii Regis Francorum, duas habuit filias; Ermengardem & Gerbergam. De Ermengarde natus est Albertus, Comes *Namurcensis*; qui genuit Albertum ei succedentem, & Henricum Comitem de *Durbio*. Albertus secundus genuit Godefridum Comitem Namurcensem, & Henricum Comitem de *Rupe*. Hic Henricus filiam habuit Machtildem, quæ Domino de *Walecourt* peperit Werricum & Beatricem, uxorem Winandi Domini de *Hufalisia*. Mortuo autem Domino de *Walecourt*, dicta Mathildis nupsit Nicolao Domino de *Avennes*; cui peperit Jacobum de *Avennes*, & Machtildem, uxorem Castellani de S. Audomaro. Godefridus, Comes Namurcensis, frater Henrici de *Rupe*, genuit Henricum & Aëlidem, uxorem Comitis Haynonensis Balduini; cui peperit Balduinum Comitem: qui patri succedens, in uxorem duxit Margaretam, filiam Comitis *Flandrensis*; ex qua genuit Balduinum Comitem, qui postea fuit Imperator Constantinopolitanus; & Philippum, & Henricum, ac tres filias; quarum unam duxit Philippus Monoculus Rex Francorum, qui ex ea genuit Ludovicum. Secundam duxit Dominus de *Bello-joco*; Tertiam Petrus, Comes Antisiodorensis.

I. Anno 977. cessit Lotharius, seu potius permisit fratri Carolo Lotharingiam Inferiorē nostram, mortuus ipse demum nono anno post scilicet 986.

Durbutum in Ducatu Luxemburgensi, Ourtæ fluvii opidum, Possidetur nunc à Comite Grobbendoncano, acquisitum jure pigneratitio à Philippo IV. Hisp. Rege.

De Rvpe Gallicè *de la Roche* Ducatus Luxemburgensis opidum ad Ourtam amnem supra Durbutum. Pridem pignori datum à Philippo IV Hisp. Rege Octavio de Ligne Principi de Barbanzon.

*Walecourt* Comitatus Namurcensis opidum, inter Sabim & Mosam

sam : veteres loci Toparchæ recensentur à Gramajo in Namurco Præfecturæ Boviniensis pag. 36.

HVFALISIA, Gallicè *Hoffalize*, ad Ourtam fluvium in Ducatu Luxemburgensi.

*Avenes* Hannoniæ opidum vide Dominorum seriem apud est Miræum. Not. Eccl. Belg. c. 159 & Vinchant Annales d'Haynau pag. 201.

DE BELLO-JOCO *de Beaujeu* opidum à castro suo quod *le Chateau de Beaujeu* dicitur aliquantum dictans, impositumque Arderiæ fluvio, qui in Ararim defluit Matisconem inter & Lugdunum. De Toparchis consule Du Chesne in Hist. Domus de Chastillon pag. 352 & de Dreux pag. 103.

---

## NOTATIONES.

KAROLVS.] Anno 977. Ducatus Lotharingiæ datur Carolo fratri Lotharii Regis Francorum, multis insuper conducto beneficiis, ut & ipse ab insolentiis desistat, & fratris sui Lotharii motibus obsistat, inquit *Sigebertus*. Haræus interpretatur ab Othone (est is Otho II. Imp.) Ducatum Carolo concessum, Rege Lothario fratre tacitè etiam consentiente. Sed tantum tacitè. Nam mox anno sequenti, eodem Sigeberto testante, Lotharius armis iterùm Lotharingiam invasit, sed impellentibus eum Franciæ Proceribus. Diximus Lotharingiam, intellige Inferiorem seu nostram. Ceterum, Carolus uxorem habuit Trecarum Comitis filiam; ex qua nati, Otho qui successit ei in Ducatu; Ermingardis nupta Alberto Comiti Namurcensi; & Gerberga, nupta Lamberto Montensi, dicto Longicolli, fratri Raineri Comitis Montensis seu Hannoniensis: qui uxorio jure post soceri mortem Lovaniensem Comitatum obtinuit, qui Lovanium, Bruxellam, Nivellam, Villevordiam cum Fura ac Sonia Silva complectebatur. Cæsus est Lambertus strenuè pugnans anno 1015, & sepultus est Nivellis; ubi & uxor ejus Gerberga. Obiit Carolus Aureliis captivus Hugonis Capeti anno 991. Philippus Labbeus in Chronologia historica anno Æræ Christianæ DCCCXCI. *Carolus*, inquit, *Dux, cum Agnete secundâ uxore, Arnulfus Remensis Archiepiscopus aliique plures capti, Aureliam ad Ligerim deducti variisque carceribus mancipati. Paulo post, Carolo hoc ipso anno in carcere defuncto successisse ait in Ducatu Inferioris Lotharingiæ Othonem ejus filium ex priore conjuge.* Idem scriptor in Breviario Chronologico Gallicè conscripto, ait ad eumdem annum, *Quelques-uns asseurent que Charle eust de sa femme Agnes en sa prison deux fils Loüis & Charles, qui ayant esté chassez de France, allerent en Allemagne, & que l'aisné donna l'origine aux Lantgraves de Thuringe.* FRAGM. FLOR. CUM SCRIPTORIBUS HISTORIÆ LANTGRAVICÆ. Asserit Gramajus in Nivella pag. 3. prædictum Carolum Ducem, *Bruxellam nativitate, habitatione & Regia sua ornasse.* Cum huc usque scripsissem, incido in Paralipomena ad Conatum in Catalogos Pontificum conscripta à R.P. Daniele Papebrochio, in quo erudito opere, Dissertatione XXVII. pag. 66. ita satur de præfato *Carolo* Duce : *Scriptores Franci, in eadem custodia mortuum existimant anno* DCCCXCI. *sed falli eos asserunt Lotharingi, atque fugâ elapsum vixisse usque ad initium seculi* XI. *Neque id omnino gratis asseri persuadet mihi inventus Trajecti ad Mosam laterculus plumbeus,* cujus formam æri incisam inibi exhibet dictus scriptor, notatus anno Domini M.I.

Denique lubet subjicere genealogiam *Caroli* Ducis, circa annum 1095 scriptam, quæ legitur ad calcem Chronici *Hugonis Floriacensis*, quod cum aliis adjunctis an. 1227 Petrus monachus in pergameuo descripsit, hodieque Brugis adservatur in bibliotheca Soc. Jesu.

1 *Karolus Calvus genuit Ludovicum, de quo dictum est quòd nihil fecit, quia post mortem patris tantum quatuor annis vixit.*

2 *Ludovicus filius Ludovici genuit Karolum Simplicem & Karolomannum. Hic Karolus Simplex ab Herberto captus est.*

3 *Karolus ex Ogiva genuit Ludovicum.*

4 *Ludovicus genuit Lotharium Regem, & Karolum Ducem ex Gerberga.*

*Balduini Avennensis.*

5 *Lotharius Rex genuit Ludovicum Iuvenem, & Karolus Dux, frater Lotharii Regis, genuit Ermengardem, & Gerbergam.*

6 *Ermengardis genuit Albertum Comitem de Namurco. Et Albertus genuit Albertum, qui nunc mortuus est; à quo procreati sunt quatuor filii, Fredericus Præpositus S. Lamberti, Godefridus, Henricus & Albricus.*

7 *Et Gerberga, soror Ermengardis, genuit Henricum Seniorem Comitem de Brussella.*

8 *Henricus Senior genuit Comitem Lambertum, & Henricum fratrem ejus, & Mathildem sororem ejus. Hanc Mathildem duxit uxorem Comes Eusthatius de Bolonia, & genuit ex ea duos filios Eusthathium & Lambertum.*

9 *Eustathius accepit filiam Godefridi Ducis, Idam nomine, genere nobilem, & moribus: & genuit ex ea tres filios, Eusthathium, Godefridum Ducem nunc Lotharingiæ, & Balduinum.*

EUSTACHIUS] ut primogenitus nominatur primo loco, Godefridus autem Bullonius secundo, & Balduinus tertio loco; nulla facta mentione Guilielmi, quem solus ex vetustis scriptoribus Guilielmus Tyrius lib. de Bello sacro memorat.

FREDERICUS Præpositus S. Lamberti] Idem posteà, anno videlicet M.CXIX creatus est LVI. Episcopus Leodiensis. Atque hinc constat, Genealogiam istam ante annum Christi 1119 esse scriptam.

Iacobus de Avennes] Dux belli sacri fortissimus; adscribitur Beatis ab Auberto Miræo in Fastis Belgicis & Burgundicis ad VII Septemb. sed male obitum ejus in annum 1291. consignat, Legendum 1192. quo apud *Assur*, facta ingenti Barbarorum cæde, gloriosissimè occubuit. Scribit elogium ejus Guilielmus Neubrigensis Lib. IV. cap. XXIII Rerum Anglicarum, his verbis.

*De nostris verò occubuit Iacobus de Aveniis, vir planè optimus, & meritis præcellentibus universo exercitui Christiano charissimus; qui ejusdem exercitus præclara per annos aliquot columna extiterat, atque in proposito piè suscepto, sincerè & strenuè perseverans, nec levem unquam maculam dederat in gloriam suam. Cujus profectò laudabili devotioni divino munere retributum est, ut omnipotentis Dei obsequio gloriosè occumberet, & mediante discrimine brevi temporalem felicitatem, ut pium est credere, æternâ mutavit. Luxitque Richardus Rex Anglorum, cum omni exercitu, assumptum tanquam emeritum à Rege Angelorum:* Iperius, Abbas & Chronographus Bertinensis, ipsum uni Machabæorum dicit comparandum. Albericus monachus Triumfontium ad annum 1190. recensens Proceres qui bello sacro militarunt; *Erant*, inquit, *in exercitu Christianorum eminentiores, Bisuntinus Theodericus, & Pysanus Archiepiscopi, Philippus Episcopus Belvacensis, & Robertus frater ejus Dorcassinus id est de Drowes. Erardus Comes Brienensis & Andreas frater ejus titulis militiæ nulli secundus. Comes Cabilonensis Guilielmus,* Jacobus de Avennis vir illustrissimus *&c.*

Divæus Rerum Brabanticarum ad annum 1192, scribens de prœlio Christianorum cum Saladino; *Claruit*, inquit, *eo prœlio* JACOBUS AVENIENSIS, *qui Brabantinorum fortissimâ pube (ut Paullus Æmilius asserit) stipatus, cum omnibus suis trucidatus, victoriam cruore suo peperit: hunc Æmilius idem Brabantiæ Ducis equitum Magistrum fuisse tradit.*

Meierus Annalium Flandriæ lib. VI in gestis anni 1188. *Hortante Clemente III. parant se Principes Christiani ad capessendum sacrum bellum &c. Primus omnium ex Belgis movit* Jacobus Aveniensis, *delatusque est mari cum septem armatorum millibus in Siciliam &c.*

Andreas Du Chesne, historiæ Angliæ lib. XII ad annum 1192, fatur his verbis: *Iacques d'Avesnes, Chef des Brabançons, Hannuyers & Flamans,* &c. & paulo post: *& n'y mourut des leurs aucun homme signalé que* JACQUES D'AVESNES.

Denique, sacri belli scriptores omnes laudabiliter *Iacobi Avennensis* meminerunt.

*Balduinum Comitem, qui postea fuit Imperator C. P.*]

*Baldui-*

*Balduinus VIII.* Flandriæ Comes XXI. Flandris Hannonibúsque imperavit, annosque natus XXXII. electus est Græcorum Imp. Anno Christi MCCIV Dominicâ secundâ Paschæ, & III Dominicâ cum canitur in Introitu Missæ *Iubilate*, XVI Maji coronatus & inunctus est; quæ pluribus leges apud Nicetam, Villarduinum, Robertum S. Mariani, Albericum Monachum Trium-fontium, & in litteris hoc tempore ex urbe C. P. in Occidentem scriptis, quarum unam Balduini Imp. videre est in Codice Donationum Aub. Mirei cap. XCIX. ex Ms. codice Sonegiensi.

Porro brevi *Balduinus* omni felicitate excidit; anno nempe MCCV. à Bulgaris in palustribus locis captus XV Julii, & abductus in Mysiam, jussu crudelis *Ioannicii* anno sequenti exeunte Julio cum cruciatu necatus est. De ejus morte multa habet Albericus Monachus, quæ nondum in lucem edita sunt, & quæ non satis conveniunt cum iis quæ de ejus morte sparguntur.

## II

*Gerberga, nupta Lamberto Montensi supra cap.* 1
*Henricum, designatur Henricus Comes Lovaniensis & Bruxellensis, domi suæ peremptus à captivo Harmano anno 1038. Sigebertus.*
*Bruxella, suos olim habuit Comites distinctos à Lovaniensibus.*
*Bolonia, Bologne sur Mer in Picardia.*
*De Bullonio, de Boüillon, Castrum Ducatus cognominis caput, ad fluvium Semoy in Ardenna.*
*Regem Ierusalem;*

Gerberga vero, alia filia Caroli fratris Lotharii, peperit Henricum seniorem de Bruxella. Et hic Henricus genuit Henricum, Lambertum, & Machtildem; quæ Comiti de Bolonia Eustachio peperit Eustachium & Lambertum. Eustachius vero, ex Ida filia Godefridi Ducis Lotharingiæ, genuit Godefridum de *Bullonio*, postea Regem Jerusalem; & Eustachium, qui de filia Regis Scotiæ Maria, genuit Mathildem; quæ Stephano, filio Stephani Comitis Elecensis, peperit Mariam. Ex hac autem Maria, postquam monialis facta est & Abbatissa, propter defectum heredum Bolonienfium, genuit Mathæus, frater Philippi Comitis Flandriæ, duas filias; & reversa est uxor sua dicta Maria ad suum Monasterium. Comes Blecensis & Carnotensis Stephanus, qui cum Hugone, fratre Regis Francorum Philippi, & cum Godefrido de *Bullonio* transfretavit, pater fuit Theobaldi Vetuli sive Senioris, qui jacet apud *Latiniacum*.

Anno 1099. 15 Julii capitur à Christianis, & 22 ejusdem mensis Godefridus consensu omnium Rex electus est. Lotharingi Mosellani sibi magnum istum Heroëm vindicare conantur, sed nullo fundamento; fuit enim Dux Lotharingiæ Inferioris seu nostræ.

LATINIACVM) *Lagny* ad Matronam opidum amplum cum Abbatia celebri Ord. S. Benedicti Diœcesis Parisiensis in Ar:hidiaconatu Briæ.

---

### NOTATIONES.

*Rumesiense cœnobium in Anglia in agro Hantoniensi apud Rumesiam; Rex Edgarus instituit.*

*Ex hac autem Maria*] Anno MCXI. Matthæus Theodorici Elsatii Flandriæ Comitis filius, Philippi frater, florentissimus adolescens; instigante Henrico Anglorum Rege; *Mariam* Abbatissam *Rummesiensis* cœnobii; Stephani Anglorum Regis filiam, eandem jam Guilielmo fratre defuncto Bononiæ ac Moritonii Comitem, nullo exemplo ex monasterio elicuit ac duxit uxorem; factusque ad eum modum Comes Bononiæ ac Moritonii, duas ex illa tulit filias; Idam & Mathildem. Cæterum aqua & igni statim ab Remorum pontifice Sansone interdictus; coactus tandem est eam dimittere. *Meyerus* Annalium Flandriæ ad annum citatum; *Duchesneus* anno citius Historiæ Angliæ lib. XII. Consule etiam *Auct. Assig. & Aquic.* ad an. 1160.

Comes

*Balduini Avennensis.*

Comes Flandriæ Arnulfus, exercitu congregato, intravit Haynoniam, & saisivit Comitatum Montensem contra Reinerum & Lambertum, filios Reineri Longi-colli, qui fuit Comes Montensis, & destruxit castrum de *Bossut*: tantumque guerravit illos pueros, quod opertuit eos fugere in Franciam ad quærendum auxilium. Lambertus duxit uxorem Gerbergam, filiam Caroli, postea matrem Henrici de Bruxella. Et Rainerus, filiam Hugonis Kapeti. Regressi ergo de Francia magnum exercitum congregaverunt, & ingressi Haynoniam terram suam recuperaverunt.

III
*La Comté d'Haynau.*

Bossvc, designatur *Boussoit* Binchium inter & Montes ad sinistram ripam. Haniæ amnis, non autem *Bossu* prope S. Gislenum, aut *Bossu* circa Mariæburgum. Sigeberto *Buxudis* Balderico *Bussud* Guisio *Buxus.* Consule *Vinchanti* in Annalibus Hannoniæ cap. 25. pag.155.

NOTATIONES.

Sigebertus Gemblacensis in gestis anni 973. RAGINERUS & LAMBERTUS, *filii* RAGINERI LONGICOLLI, *paulatim resumtis viribus, à Francia redeunt, & cum Guarnero & Rainaldo, qui Comitatum patris eorum occupaverant bello apud* Peronam *confligunt, eosque cum multis perimunt, & super* Hagnam *fluvium, castello* Buxude *munito, Lotharingiam infestant.* PERONA] vicus prope Binchium. HAGNA] nunc Hania, *Hayne.* Idem scriptor ad annum 976. *Filii* RAGINERI LONGICOLLI, *auxilio Francorum, & maxime Karoli, postea Ducis, freti, lacessunt bello* Godefridum *&* Arnulfum *Comites, qui post* Guarnerum *Comitatum Montensem invaserant, montem Castrilocum obsident; multis utrimque in conflictu fusis, obsidio remota est, victoria anceps, datur tamen palma Comitibus.* Eadem habet *Albericus* monachus Trium-fontium, quæ nondum in lucem edita sunt. Cujus Manuscriptum quod olim *Chifletiorum* fuit nacti sumus, aliquando, si Deus usuram vitæ dederit, publici juris faciendum Notis historicis illustratum.

Jacobus MEYERUS Annalium Flandriæ lib. 11 in *Arnulpho Iuniore* pluribus supradictis adstipulatur ad annum 973, quem consuluisse non pigebit.

In Chronicis invenimus, quod sanctus Walbertus, qui sepultus jacet apud *Consorne*, juxta *Beautmont* in Haynonia, fuit Dux *Lotharingiæ*; & extendebatur ejus dominium per Cameracensium & *Haynoniam, Brabantum, Hesbaniam* & *Ardennam* usque ad *Renum.* Uxor ejus Bertilia duas ei peperit filias, Waldetrudem & Aldegundim: quæ primogenita, nubere recusans, facta est monialis, & fundavit monasterium de *Melbodio.* Waldetrudis, cuidam magno viro nupta, Maldegario nomine, qui & Vincentius, duos ei filios peperit, Landricum & Dellinum; ac duas filias, Aldetrudem & Madebertam. Maldegarius, qui & Vincentius, in *Lenogio* monasterium ædificavit monachorum, dans eis possessiones magnas: quo monasterio postmodum

IV
Intellige *Coursolre.*

Legendum puto SENOGIO, *Soignies,* inter Montes & Hallas Hannoniæ opida.

*Hautmont sur Sambre.*

*Montes Hannoniæ, Mons en Haynau.*

*Bobiensi, lege Lobiensi.*

*nunc Braine le Comte.*

*Abbatissa electa, inquit Gilbertus, Domino Imperatori Romanorum præsentabatur, à quo ipsa ad regendam Ecclesiam regalia suscipiebat.*

*Putatur fuisse Balduinus Magnanimus qui obiit anno 1195. vide Vinchant Annalium Hannoniæ lib. III cap. XII.*

modum per Hunos destructo, reædificata est ibidem ecclesia Canonicorum. Hic Vincentius, de consensu uxoris, factus est monachus in monasterio *Altimontensi* juxta Melbodium; & similiter uxor sua, Ducissa Waldetrudis, ædificavit ecclesiam in monte Castri-loci, & facta est monialis: filii quoque & filiæ, relicto seculo, religioni se dedicaverunt. Successit igitur in Ducatu neptis Ducissæ Waldetrudis Aya: quæ nupta cuidam potenti viro, nomine Idulpho, qui post mortem sepultus est in monasterio Bobiensi. Et dicta Aya, tempore viduitatis suæ, contulit ecclesiæ Montensi villas de *Cuemes*, & *Nimi*, & *Braine la Wihote*. Et stetit Abbatia Montensis longo tempore, quod Abbatissa per electionem fiebat, præsentando ipsam Imperatori. Postea successit in Comitatu Montensi Comes, qui ab Imperatore impetravit præsentationem sibi debere fieri. Cujus quidem tempore vacante Abbatia, cum Abbatissa noviter electa sibi præsentaretur, noluit eam admittere, dicens, se Abbatem esse, nec aliam deberent Abbatissam habere. Domicellabus vero ad Imperatorem appellantibus, & per suos Concanonicos, in suos procuratores a principio sibi constitutos, diu litigantibus; tandem Comiti (non petentibus) permansit Abbatia, & præbendarum collatio in voluntate Comitis.

---

## NOTATIONES.

*S. Walbertus*] Joannes Bollandus in suis doctis commentariis ad Acta Sanctorum, suspicatur *Waldebertum* seu *Walbertum* hunc, Sanctarum Waldetrudis & Aldegundis patrem, esse ipsum *Walbertum Chlotarii Domesticum & Ducem*, à Fredegario cap. 54 & 99 memoratum, vide 30 Januarii hist. vitæ S. Aldegundis.

CONSORNE *juxta Beaumont*] lege *Coursolre*, quo de loco in Actis Sanctorum Ordinis S. Benedicti, legimus in veterrima vita S. Aldegundis inventa in Bibliotheca RR. PP. Fuliensium Abbatiæ S. Bernardi apud Parisios. *Locum ubi pater & mater ejus sepulti fuerant, in melius reparavit, & ibidem duodecim Sanctimoniales ad serviendum Christo Domino constituit.* Porro, jam olim ex monastica illa sanctimonialium habitatione seu cœnobio, nihil præter famam duravit, quandoque desierit hactenus nobis incompertum. Pluribus de *Courtsolre* tractat *Vinchant* Annalium Hannoniæ lib. 3. asseritque locum fuisse olim famâ celebrem sub nomine *Curia Soldurionum*, inibique defunctum *Walbertum* anno 643. ætatis 92. quem exiguo tempore post secuta est uxor ejus *Bertilia*: ambosque *Curtisolræ* conditos in ecclesia veteri, nunc destructa, loco etiamnum nomen retinente, in via quâ itur ab Ecclesia hodierna ad vicum *Bersely*; additque quod S. Aldegundis, venerata sanctitatem parentum, iis fieri curaverit conditorium elevatum, quod anno 1552 ex ecclesia veteri

## Balduini Avennensis.

ri in novam translatum est, præsente *Thoma Gozeo* S. Theologiæ in Academia Lovaniensi Doctore, Collegii Sabaudiæ Præside: qui zelo in Sanctos istos motus, panegyricam orationem dixit, sumpto themate ex *Exod.* cap. 3. *Solve calceamenta de pedibus tuis, terra enim in qua stas, terra sancta est.* De iisdem Beatis loquitur Aub. Miræus in Fastis Belg. & Burg. ad 7 Sept. in vita S. Madelbertæ, his verbis : B. WALBERTUS & B. BERTILIA, non SORÆ, sed Cursorii (*qui pagus est Hannoniæ, inter Malbodium & Bellum-Montem*) quiescunt, an. 1619. *è terra elevati*, per Franciscum vander Burchium, *Archiepiscopum Cameracensem*: qua de re, deque Gratiis ad eorum invocationem hoc seculo relatis vide Acta Sanctorum 11 Maji.

*In Lenogio.*] Legendum suspicor *in Senogio,* SOINGNIES, Hannoniæ oppidum: quod Baldericus lib. 2. cap. 46. *Sungeias* nuncupat: alii *Sonegias* scribunt, in quo monasterii loco, à S. Vincentio fundati, *quod Nortmanni* (inquit Molanus) *vastarunt*, *est illustre Canonicorum Collegium: quæ commutatio, secundùm annales Hannoniæ, facta est per Brunonem Archiepiscopum Coloniensem anno nongentesimo sexagesimo quinto*, ut idem scriptor asserit. Sed fallitur & alii ipso recentiores multi, quod S. Vincentium *Comitem Hannoniæ* appellent. Fuit quidem Comes, & in ea regione vixit, quæ Hannonia dicitur, porro suberat Francorum Regibus; & non erant tunc illi Comitum ac Ducum tituli & præfecturæ patrimoniales atque hereditariæ, quod de *Walberti* & *Bertilia*, titulis statuendum quoque arbitror.

*Monasterio postmodum per Hunos destructo.*] Prima Belgii vastatio per *Wandalos* & *Hunnos* contigit initio sæculi Christi v. Secunda eodem ævo per *Attilam Hunnorum Regem* circa annum 453. Itaque ambæ illæ populationes diu ante conditum *Sonegiis* monasterium. Tertia vastatio facta est per *Nortmannos* seu *Danos*, anno 837. hoc est, sæculo ferè integro, post tempora S. Vincentii fundatoris monasterii Sonegionsis. Sed potissimùm loca maritima tunc vastata fuere. Porrò quarta vastatio, quæ Hungarorum fuit, quique etiam Hunni censentur, cœpit anno 903. aggressique sunt Lotharingiam tempore *Othonis I*: hâc ultima vastatione destructum arbitror Sonegiense monasterium, non autem à Nortmannis, ut habet Molanus.

*Altimontensi.*] In divisione regni Lotharii Imp. anno 870. facta inter Carolum Calvum Franciæ, & Ludovicum Germaniæ Reges fratres, legitur in portione quam Carolus sibi accepit inter cætera, *Hautmont Altus-Mons*, qui est hodie Benedictinorum Abbatia ad dextram Sabis ripam, milliari uno distans Malbodio, à *S. Vincentio* Comite potissimùm, qui & *Sonegiense* monasterium condidit, fundata. Vide *Baldericum lib. 2. cap. 35. & lib. 3. cap. 6.*

*Aya quæ nupta cuidam potenti viro, nomine Idulpho.*] Franciscus *Vinchant* Annalium Hannoniæ lib. 3. cap. 13. contexuit genealogiam *S. Waldetrudis à Pharamundo* primo Francorum Rege, inque ea statuit *Ayam* Brunulphi filiam, Walberti III & Amalbergæ Hannoniæ Comitum Neptem. Nuptam S. Hidulpho Comiti aut Duci Lobiensi; de eo memorat Sigebertus in gestis anni 698 his verbis, *S. Ursmarus per interventum* HILDULFI DUCIS, *Lobiense cœnobium à Pipino Principe ad regendum suscipit*. Consule etiam Molanum in Natalibus Sanctorum Belgii ad diem 23 Junii, qui postquam egisset de *S. Hidulpho*, Duce, Meminerunt, inquit, *Annales Hannoniæ etiam* AYÆ *uxoris, quæ Montibus Hannoniæ in cellula Waldetrudis, quæ nunc est Canonicarum nobilium collegium, est sepulta, sed non elevata. Invocatur tamen in Litaniis dictæ ecclesiæ. Error est autem apud Trithemium, in catalogo Sanct. Ord. D. Benedicti, in quo Hidulphus asseritur ex Duce monachus, Abbas & Episcopus Lobiensis. Similiter errorem esse arbitror in Gallicis Hannoniæ annalibus, in quibus nominari eum audio Ducem Lovaniensem: cùm Lovanium, ejus viri claram memoriam conservaret, si eum Principem habuisset. Quare ex Ratherio & Sigeberto colligere non dubito, Ducem quidem fuisse & Principem in Lotharingia, sed Lobiensem, non Lovaniensem.*

Porrò *Vinchant*, annalium Hannoniæ lib. 3. cap. 15. pag. 120 asserit *Hidulphum*

*phum* à S. Ursmaro Laubiis accepisse habitum Religionis, & quatuor annis post vita caruisse anno 707 ætatis 86.

Cæterum *Hildulfi* corpus quiescit Binchii, de quo aliisque inibi quiescentibus ista tradit Miræus in vita Alberti Belgarum Principis.

*Inter Belgica sacris Cœlitum pignoribus illustria opida, Binchium, quod est in Hannonia haud procul à Maria-Monte situm, meritissimo jure obtinet principatum. Est in eo Collegium Canonicorum quod octo Divorum corpora, Ursmari, Ermini, Theodulfi, Ulgisi, Amoluini, Abelis, Hildulfi & Amelbergæ, totidem feretris argenteis inclusa, atque ex vicina Laubiensi Benedictinorum Abbatia, anno M.CCCC.IX translata, religiose asservat. Ex his priores quinque Episcopi atque Abbates Laubienses à novem retro sæculis fuerunt. Abelem Remi Episcopum laudarunt.*

*Hildulphus Princeps Laubiensis sub Pipino seniore anno DC.XCVIII floruit; Amelberga, S. Gudilæ Bruxellensium Patrona mater exstitit. Horum lipsana, se præsente,* ALBERTUS, *à Francisco vander-Burchio, Archiepiscopo & Duce Cameracensi, magno Abbatum & Procerum numero adstante, novis in capsulas, cæremonia insigni, transferenda curavit.* Vide præterea Miræi fastos Belgicos ad 23 Junii ac Chronicon Belg. ad an. 698.

*Abbatia Montensis.*] Nunc Collegium Canonicarum Montensium, quod primitus monasterium fuit, sub regimine Abbatissæ & Regula S. Benedicti: quo de loco Baldericus in Chronico Cameracensi lib. 11 cap. xxxix *In villa Castri-loco (hoc est in urbe Montensi) duo quoque monasteria habentur; unum quidem puellarum, quod sancta Waldetrudis, conjux prælibati sancti Vincentii, atque Soror Beatæ Aldegundis, ædificavit &c. Alterum vero monasterium est Canonicorum sancti Germani.*

## V

Hermannus Saxo, qui anno 1051 obiit. Vide *Meyerum* ad an. citatum.

Richeldis seu Richildis Ragineri IV Hannoniæ Comitis filia, & heres. Vide *Butkens* l. 2. c. 11 & *Vinchant* lib. 3 cap. 30.

Balduino VI dicto Montano & Hasnonio.

De illo loquitur Marchantius in gestis *Balduini* his verbis: *Rogerio privigno, cui insigne pedis vitium, neque mentis acumen erat, ad sacra ascripto, Episcopatum* Laudunensem *procuravit.* lege *Catalaunensem* ut habet textus.

Leo IX.

Postmodum autem fuit ibi Comes, Hermannus nomine, per uxorem suam Richildem, quæ sibi peperit filium & filiam. In illo tempore mortuus est Comes *Valencenarum* absque herede; & dictus Comes Hermannus, cum uxore sua Richilde, tum jure consanguinitatis, tum emptione, erga propinquiores tantum fecerunt, quod illum Comitatum sibi acquisiverunt cum alio. Deinde mortuo dicto Hermanno, dicta Richildis maritata est Balduino, filio Comitis Flandriæ; cui peperit duos filios, quos ita vehementer diligebat, quod primum filium, quem Hermanno pepererat, Clericum fecit, & procuravit ipsum fieri Episcopum *Cathalaunensem*; & filiam, monialem. Postea tantum fecerunt dictus Balduinus & Richildis ergo filium suum Episcopum *Cathalaunensem*, tum per denarios, tum per alia, quod Comitatus *Haynonensis* remansit filiis dicti Balduini. Episcopus vero Cameracensis excommunicavit dictum Balduinum, pro illo matrimonio Richildis Comitissæ: sed *Leo* Papa, qui avunculus erat Richildis, absolvit eos & inhibuit eis thorum. Iste Balduinus amovit Canonicos qui erant in Hannonia, & posuit ibi monachos: postea mortuus est anno Domini M.LXX. Assignaverat cum filio suo

suo Arnulfo Flandriam, cum juramento Flandrensium, & Balduino Minori Haynoniam. Comitissa itaque Richildis, cum filiis suis valde juvenibus, tenente ambos Comitatus, supervenit Robertus *Friso*, patruelis puerorum, & expulit eos de Flandria. Contra quem convocato Rege Franciæ Philippo, Richildis cum filio Arnulpho & Haynoniensibus conflictum habuerunt juxta *Kaslatum*: & primo capta *Rechilde* Comitissa à *Flandrensibus*, & Roberto similiter ab *Haynoniensibus*, propter amorem quem Haynonienses habebant erga Comitissam Richildem, restituerunt prædictum *Robertum Frisonem* pro Comitissa; & postea dictus Robertus campum obtinuit contra Francorum Regem & Comitissam. Et occisus est ibi *verus Comes Flandriæ Arnulfus*, & per consequens Flandriam subegit Comes *Friso*.

*Hasnonii cœnobio, quod condidit (aut melius restauravit) anno 1070 sepultus est.*

*Is fuit ejus nominis primus.*

*Castellum Morinorum Cassel, anno MLXXI præliatum ad Bavinchove, id pagi nomen est sub monte Casletano.*

## NOTATIONES.

*Et Filiam monialem*] De qua, Vinchant Annalium Hannoniæ. lib. IV. cap. I. Ils eurent de plus une fille dite Gertrude, qui fust Religieuse de saint Benoist, & mourut saintement âgée de 40 ans. Miræus, au lieu d'une fille, leur donne un second fils, qu'il dit avoir esté Religieux d'Hasnon.

*Leo Papa*] fuit is Leo IX, creatus anno M. XLIX. Ante electionem vocatus Bruno, Tullensis Episcopus vir nobilis & sanctus filius Hugonis Comitis Daburgensis, ex nobili Francorum prosapia oriundus, auctoritate Regalis excellentiæ ad sedem Beati Petri destinatus fuit &c. Ita de eo loquitur *Albericus* monachus Trium-fontium, in Chronico suo Ms. in gestis an. M. XLVIII; & de eodem Pontifice ad annum M. XLIX ista habet Labbeus: *Leodio transiit in Hannoniam, ut Richildem Comitissam Hermanno Comiti nuptam inviseret* &c. & *Meyerus* ad eundem annum; *Concessit*, inquit, *Leo Pontifex in terram Montensem, ut neptem suam Richildem ibi imperitantem viseret, ubi ad Bellum-Montem oppidulum dedicavit sacellum Divi Venantii, ferturque benedixisse vinculo quem Machortem vocant, eo quod fama vulgaret ibi habitasse olim Calistum Pont. Rom. urbe ab Romanis pulsum.*

MACHORTEM] *Macourt*, nunc *Macon juxta Condatum*.

Aub. Miræus in suo Chronico Belgico ad an. 1049 exhibet, genealogiam dicti Leonis Pont. in qua non scribitur *Daburg* sed *Dasburg* alii vero Comes *d'Asprugh* in Alsatia.

*Kaslatum*] Castellum Morinorum, *Cassel*, prope opidum illud in pago *Bavinchoven* mense Februario die Divi Petri cathedræ festo anno M. LXXI seu ut Sigebertus LXXII. Philippus I Francorum Rex, cum *Richilde* Hannoniæ ejusque filio *Arnulfo* Flandriæ Comite à Roberto Frisio memorabili prælio vincuntur, quo ad viginti duo occubuisse hominum millia sunt qui scribunt. Vide *Meyerum* Annalium Flandriæ lib. III ad an. 1071. Et *Schaf*: in Chron. qui fuse de gestis Roberti *Frisii*.

*Et occisus est ibi verus Comes Flandriæ.*] Inter alios cecidit *Arnulfus* Comes, cum ætatis annum decimum septimum, Principatus novendecim menses, cœlebs attigisset, delatus ad Fanum Audomari, in monasterio D. Bertini conditus: merito *Infelix* nuncupatus, quod à patruo victus vitam ac Principatum sibi

10 *Chronicon sive Hist. Genealogica*

sibi suisque ademptum amiserit. Tradit Gilbertus scriptor vetus, in Rebus Hannoniæ, *Arnulphum* Comitem, dum ab equo detruderetur, ab *Gerbodone* quodam suo ipsius milite fuisse jugulatum : Gerbodonem postea gravi ductum pœnitentia Romanum consuluisse Pontificem, ab illo missum ad monasterium *Clugniacense*, ibique dum viveret magnam egisse pœnitentiam.

Eodem prælio cecidit *Guilelmus Osbernius, Normannus gente, novus Richildis maritus*, inquit, *Meyerus* ad an. 1071. *Vinchant* Annalium Hannoniæ lib. IV cap. II exhibet fragmentum genealogicum præfati Guilielmi, in quo legitur *Guillaume Comte de Herfort Seigneur de Breteüil, esp. 1. Adele fille de Roger Seigneur de Toëny, 2 Richilde Comtesse de Haynau*.

**VI**
Anno MLXXI.
III Episc. Leod. obiit 9 kalend. Julii anno 1075.

Tunc ipsa Comitissa, cum filio suo Balduino, ad se confortificandum, confederationem inierunt cum *Thieduino Leodiensi Episcopo, Comitatum Haynoniensem in feodum recipientes ab eo in hunc modum.* Quod Comes Haynoniæ servire tenetur Episcopo in omnibus necessitatibus suis cum toto suo posse, ad expensas Episcopi, post exitum à Comitatu Haynoniensi. Similiter & quandocumque Comes Comitatum suum egreditur, eundo ad Episcopum pro feodo suo relevando. Similiter & quandocumque vocat eum Episcopus ad perleamentum. Item cum Imperator vocat Comitem ad curiam suam pro quacumque re, tenetur eum Episcopus ducere & reducere in expensis suis, & respondere ac remanere pro ipso. Et si aliquis vellet gravare Comitem, Episcopus tenetur eum juvare cum magna potestate, in suis scilicet Episcopi propriis expensis. Et si Comes obsideret castrum, ad honorem suum pertinens; aut si alius contra ipsum obsideret aliquod castrum, Episcopus tenetur ipsum juvare cum quingentis equitibus; & Comes tenetur ei tunc facere legale forum de cibariis. Et potest Episcopus per campos accipere herbam & necessaria pro equis. Et ad hoc faciendum tenetur Episcopus ter in anno, & qualibet vice, per quadraginta dies.

---

## NOTATIONES.

*Tunc ipsa Comitissa, cum filio suo Balduino, ad se confortificandum, confederationem inierunt cum Thieduino Leodiensi Episcopo.*] Rem hanc pulchrè narrat *Meyerus*, Annalium Flandriæ lib. III ad annum M. LXXII, his verbis. RICHILDIS MONTENSIS *animosa mulier, ob rem tam malè gestam amissumque filium, magno affecta dolore, delere dedecus filiumque ad paternum perducere regnum ardebat animo: sed postquam nullam ultra inveniret opem in Francis, conversa ad Episcopum Leodiensem* Theoduinum, *supremum illi in Hannoniam judicium dignitatemque assensu* Henrici Cæsaris *attribuit, seque Ecclesiæ Leodiensis professa beneficiariam, Hannoniam illi id perpetuum subjecit. Hac grandi ab Theoduino impetrata pecunia,* Gothofredum Bulionensem, Eustathii Comitis Bononiæ
*filium*

*filium, Albertum* Namurcenſem, *Henricum* Lovanienſem, *Comiteſque præterea* Altimontis, *& Montisacuti in Arduenna, cum aliis multis in ſocietatem armorum ſibi adjungit* ; *reparatoque bello, incurſus aliquot in Flandriam facit. At Friſius nihil timens fœminæ jam victæ conatus, profectus raptim in Hannoniam ad* Brochoriam *vicum, hoſtes adeo cecidit, ut à mortuorum multitudine ,* Dumus mortis *loco manſerit nomen, fluvioque* Heyna. Hactenus Meyerus, quem vide, ſi penitus hiſtoriam intelligere volueris : eandem quoque clarè proſequitur Lambertus *Schafnaburgenſis* ad annum M. LXXI.

Præterea cum homagio Comitis debet Epiſcopus habere homagium Caſtellani Caſtri-loci, & Caſtellani de Bellomonte, nec non & Caſtellani de Valencianis. Item debet Epiſcopus Comiti dare, quolibet anno in natali Domini, tria paria veſtium ; quorum quodlibet valere debet ſex marcas Leodienſes : & cuilibet Caſtellanorum unum par, ſimiliter ſex marcarum. Item ſi Comes infra Comitatum acquiſierit aliquod allodium ; aut ſi donatum ei fuerit, & ipſe ulterius in feudum illud dederit, aut ſervum acquiſierit; totum illud ſimul tenebit cum alio feudo ab Epiſcopo. De pace vero Leodienſi, ad quam reſpondere tenentur multi Barones & homines eorum, neque Comes, neque homines ſui tenentur reſpondere. In augmentum autem ſui feudi, Comitiſſa accepit *Abbatiam & advocatiam Montenſem, ac juſtitiam Comitatus Haynonienſis, quam tenuerat ab Imperatore* : Epiſcopus enim tantum fecerat erga Imperatorem, quod dederat eidem hujuſmodi feuda. Et Epiſcopus tantam pecuniam dedit Comitiſſæ & filio ſuo, quod eccleſiæ multum erant gravatæ. Iſtis conventionibus præſentes apud *Foſſis* inter fuerunt, Godefridus de *Bullonio*, Comes Albertus de *Namurco*, Comes Lambertus de *Lovanio*, Comes de *Chineio*, Comes de *Monte-acuto* in Ardenna, & plures alii, ſecundum quod hæc omnia in cronicis continentur monaſterii Lobienſis. Comitiſſa vero Richildis retinuit in allodium propria allodia S. Waldetrudis apud Caſtri-locum, in caſtro & in villa ; *Quarengnon, Gumapes, Frameries, Kienvi, Brainne la Wihote, Brainne le Caſtel, Hal, Caſtres, Herines, Cuemes, Nimi, vile ſeur Hayne,* & aliqua alia quæ non nomino.

VII
Chaſteau de Mons
Beaumont

Barones : deſignantur illo nomine Proceres omnes feudatarii.

Nota bene

Foſſe entre Sambre & Meuſe.

La ville de Mons en Haynau.

## NOTATIONES.

*Et Episcopus tantam pecuniam dedit Comitissæ & filio suo, quod Ecclesiæ multum erant gravatæ.*]

Quomodo *Theoduinus* LIII. Episc. Leodiensis Hannoniam acquisiverit anno M.LXXI, accuratè satis posteritati tradidit Ægidius monachus Aureæ-vallis in historia vitæ illius cap. III, majori revera ementis quam vendentis ignominiâ, qui ut pretii caput accumularet, gravavit ecclesias detraxitque altaribus cimelia, id est priscæ probitatis & Religionis monumenta piorumque hominum donaria, ad comparandam vanam gloriam, & ea quibus caruit Ecclesia, illo tempore quo fuit optima : *Qua quidem coemptio*, inquit *Ægidius, conventuales Ecclesias Leodiensis Episcopatus in thesauris suis auri & argenti graviter afflixit. Nam de majori Ecclesia centum libras auri consilio Dñi Hermanni Præpositi, Walteri Decani, cæterorumque fidelium suorum accepit; de thesauro præfatæ Ecclesiæ calicem magnum aureum, cum patena; crucem etiam auream, in qua erat lignum Domini; monile aureum, cristam auream, duas armillas aureas, calices argenteos cum patenis, urceos, candelabra, tabulam argenteam, cum argento alio circiter marchas* 175.

Fossis ] *Fossense monasterium S. Foillanus, Hibernus, dono S. Gertrudis Virginis Nivellensis, fundavit, ubi & quiescit*: ut Sigebertus in Chron. an. 648 loquitur. Crevit sensim advenarum confluxu in opidum, ut in Belgio complura *S. Gisleni, S. Amandi, S. Trudonis, Nivella, Lyra*, aliaque; situm est *Sabim* inter & *Mosam*, Gallicè *Fosse*. Cæterum litteras pactionis factæ, inter Theoduinum Episc. & Richildim Comitem, *Fossis* conscriptas, studiose quærens, apud multos scriptores invenire non potui : earum summam conservavit nobis *Avennensis* in hisce Chronicis; & prædictus Ægidius in gestis *Theoduini* Episc. exhibet diploma Henrici IV. Imp. quo, pactioni assensum præbet, eamque confirmat existens Leodii 5 Idus Maii anno MLXXI, quod diploma, ut præfatur Ægidius, ex Chartis majoris Ecclesiæ Leodiensis transcriptum est.

**VIII**
Anno 1076 vindichant annal.
Hann. l. 4. cap. 3.

Per auxilium igitur Episcopi Leodiensis confortata Comitissa & filius ejus Balduinus, per quosdam mediatores tandem pacificati sunt cum Roberto Frisone Comite Flandriæ. Et Comes Balduinus quandam neptem dicti Roberti ducere debebat in uxorem, & ad hoc faciendum invadit villam *Duacensem*, quam tunc possidebat. Die vero assignata, qua desponsare debebat illam, tantum abhorruit eam, propter turpitudinem seu deformitatem ejus, quod noluit eam ducere : propter quod Robertus retinuit *Duatum*, nec posteà recuperare potuit Balduinus. Comitissa Richildis firmavit castrum *Belli-montis*, & ædificavit capellam S. Venantii. Balduinus filius ejus, adhuc juvenis, uxorem duxit Idam, sororem Lamberti Comitis *Lovaniensis*, quæ valde bona matrona fuit & bonæ vitæ. Richildis igitur Comitissa, & filius ejus Balduinus,* ædificaverunt Abbatiam S. Dionysii in *Brokeroie*, dantes ei villam, & plures alias possessiones. Ipsa quoque Richildis, postquam viriliter & bene terram suam tenuerat, mortua est anno Domini MLXXXVI.

*Duatum*, medii ævi scriptores, nunc *Duacum*. *Beaumont*.
De Capella S. Venantii vide supra Notat. c. 5.
\* Anno 1081.
Idibus Martiis obiit, ac sita est juxta Balduinum maritum in Cœnobio Hasnoniensi Ord. S. Benedicti, quod cum marito condiderat.

NO-

## NOTATIONES.

[*Duxit Idam, sororem Lamberti Comitis Lovaniensis*] Albericus ad annum 1084, *Comes Montensis Balduinus uxorem duxit Idam, filiam Henrici Lovaniensis.* Verum cum non reperiam *Henricum* hunc habuisse filium nominatum Lambertum, suspicor *Idam* sororem fuisse Henrici III Godefredi Barbati & Alberonis, quos tres solum recenset Butkens Henrici II filios, cum *Ida*, quam nuptui traditam dicit Balduino Hannoniæ Comiti, filio Balduini Comitis Flandriæ & Richildis Hannoniæ Comitissæ anno MLXXXIV. Inquirendum utique.

*Abbatiam S. Dionysii in Brokeroie*] Cœnobium Ord. S. Benedicti prope Montes Hannoniæ, in loco dicto Brokeroia fundatum anno 1081. Fundationis diploma vulgavit Aub. Miræus in Not. Eccl. c. 105. quo loco, in suis Notationibus curiosa quædam prodit de *Richilde*, exhibetque eloboratum Comitum Hannoniæ stemma. Videndus quoque *Vinchant* Annalium Hann. l. IV, qui fusè de hoc monasterio scribit, docetque diu ante monasticam istic habitationem floruisse Sancti Dionysii cultum.

De Roberto *Frisone*, qui, postquam Comitatum Flandriæ acquisierat, & aliquamdiu gubernaverat, mortuus est & sepultus apud *Kaslatum*, relinquens post se duos filios & tres filias. Nomen primogeniti Robertus, alterius vero Philippus, qui filium habuit Guiselinum. Unam autem filiarum, nomine Adelam, Rex Daciæ Canutus in uxorem duxit: ex qua genuit filium, nomine Carolum, postmodum Comitem Flandriæ, apud Brugis occisum. Secundam filiam duxit in uxorem Comes *Bruxellæ*; post cujus mortem ipsa nupsit Comiti Theodorico de *Alsatia*, qui ex ea filium unum genuit, nomine Theodoricum. Tertia filia, monialis facta est apud *Messinas*. Robertus igitur, Comes Flandriæ, duxit uxorem Clementiam, filiam Guilelmi Comitis Burgundiæ: ex qua genuit tres filios in minori tempore, quam tres anni. Unde cum ipsa timeret nimis multos habere filios, potionem sumpsit, per quam sterilis facta est.

IX
Anno M.XCIII.
Castellum Morinorum. *Cassel.*
Daniæ.
*Gertrudis* dicta, nupta Henrico Lovaniensium & Bruxellensium Comiti an. 1095 Tornaci defuncto.
*Albericus*, alii 1096.
Messena sive Messina, Gallis *Messines* Abbatia Ord. S. Bened. in Flandria, inter Ipras & Armenterias, anno 1060 ab Adela Comitissa ædificari cœpta.

## NOTATIONES.

*Mortuus est & sepultus apud Kaslatum.*] Rem narrat Meyerus ad an. MXCIII, his verbis. *Quarto Idus Octobris Robertus Comes in vivis esse desiit: quidam in Winidale, quam arcem extruxisse dicitur; cæterum Bertiniani eum obiisse tradunt Casleti, cita morte & absque sacro viatico. Situs est Casleti in æde Petri in crypta.*

Comes Balduinus, filius Richildis, ex Ida genuit duos filios, Balduinum & Arnulfum, ac tres filias. Hic igitur Arnulfus uxorem duxit quandam nobilem de Haynonia, ex qua

X

*Arnulfus*, duxit Beatricem, filiam & hæredem Walteri Rodii Domini, *Reux*, quod est Hannoniæ opidum, Comiratus titulo à Carolo V Imp. decoratum an. 1530, ad gentem Croyam spectat, *Croy*.

*Comté d'Haynau* Hannoniæ.

\* *Parte*.

† Muro cinxit, obiit an. 1166, sepultus ad S. Foillanum, Abbatiam Ord. Præm. prope Rodium. Vinchant l. 4 c. 6, consule etiam Miræum in Codice Donat. c. 93, & in Not. Ecc. c. 136 & 148.

\* *Morlanwez*, de quo infra.

† Lentium, sive Lentiacum, *Lens*, opidulū Comiratus Artesiæ, alluitur amne *Duela*, præclaros habuit Toparchas. Est & alius locus *Lens*, cujus Dominus est ex Paribus Hannoniæ: nec non in eodem tractu reperitur familia cui nomen *Lent*.

\* *Rœux* Hannoniæ opidum, de quo dictum supra.

† *Boulers* illustris ac vetus Flandriæ Baronia prope Gerardi-Montem. *Miræus* Donat. Belg. l. 1 cap. 98.

\* *Bousies*, Toparchia ac familia nobilis in Hannonia.

† *Gavre*, Castrum in Comitatu Flandriæ ad Schaldim fluvium, Principatus titulo clarum, nec non nomen illustris familiæ.

qua genuit filium nomine Eustachium, cognomento Seniorem seu Vetulum, eo quod diu vixit. Habuit autem dictus Arnulfus, pro parte hæreditatis, *Rodium* ac terras circumjacentes. Eustachius iste duxit uxorem filiam cujusdam Nobilis Hanoniensis, nomine Johannes, qui unus erat de Paribus Comitatus Montensis : ita quod post mortem hujus Johannis, dictus Eustachius ex \* perte uxoris factus est unus de Paribus illis: & hic ædificavit † *Rodium* & \* *Morlainwees* : & genuit ex uxore sua duos filios & tres filias : Quorum primogenitus, Nicolaus nomine, factus est clericus : & junior, nomine Eustachius, cognomento *Vaslettus*, terram tenuit post mortem patris. Filiarum vero primogenitam, nomine Beatricem, Dominus Walterus de † *Lens* duxit in uxorem : ex qua genuit unum filium, nomine Eustachium ; & duas filias, Idam & Mariam. Secunda filia Eustachii Senioris nupsit cuidam Nobili : quo sine hærede mortuo, facta est monialis monasterii *S. Foillani* apud \* *Rodium*. Tertia vero filia dicti Eustachii Senioris nupsit Domino Nicolao de † *Boulers*, cui peperit unicam filiam ; deinde post mortem dicti Nicolai, nupsit Domino Eustachio de \* *Bousies*. Eustachius autem, cognomine *Vaslettus*, uxorem duxit Bertam, Domini Rassonis de † *Gavre* filiam, ex Domina Domitione de \* *Chirne* ; & genuit ex ea filium Eustachium agnomine *Kanivet*, & filiam unam nomine Beatricem. Post mortem itaque Eustachii dicti *Vasletti*, filius ejus Eustachius dictus *Kanivet* successit ei, ducens uxorem filiam Balduini de † *Mortania* Castellani Tornacensis; ex qua genuit filium unum & filiam unam. Iste filius, nomine Eustachius, patri succedens, ac terram tenens de *Rodio* & de *Morlainwees*, uxorem duxit filiam Domini Ægidii de *Tryt*, sororem Domini Theodorici de *Bevre* ex parte matris : nam post mortem dicti Domini de \* *Tryt*, dicta domina nupsit Domino de *Bevre*, cui peperit dictum Dominum Theodericum. Dictus Eustachius ex uxore sua prædicta sex filios genuit, & duas filias ; Eustachium agnomine *Kanivet*, Egidium agnomine *Rigaut*, Theodericum, duos Clericos, & sextum Arnulfum. Una filiarum

\* *Chirne, Chievre, Cervia.* † MORTANIA, *Mortagne*, pagus cum castro in Tornacensi territorio ad Schaldim, ubi recipit scarpam fluvium in confinio Hannoniæ. \* *Tryt*, vicus Hannoniæ prope Valentianas, vide Not. Eccl. c. 181 pag. 491 & c. 193 pag. 537. Ægidius de *Trit* benefacit Canonicis Condatensibus an. 1218.

*Balduini Avennensis.*

rum nupsit Castellano de *Gandavo* ; altera Domino Balduino de *Perwes* juxta Condacum. Eustachius de *Kanivet* jam dictus in uxorem duxit filiam Domini Egidii de *Trasengniees*, ex qua genuit unum filium & unam filiam. Egidius Rigaldus, frater ejus, uxorem duxit filiam Fastradi de † *Lingne*, per quam Dominus est terræ de * *Monsteruel*. Theodericus, tertius frater, uxorem duxit filiam Domini Joannis de *Vannes*: qui Fratrum ingressus Ordinem, terram suam dicto Theoderico reliquit. Soror vero Eustachii de † *Rodio*, hujus nominis quarti, nupsit Domino Jacobo de * *Bailluel*, cui peperit unum filium & duas filias. Filius, Nicolaus nomine, patri succedens in hæreditate, uxorem duxit filiam Domini Guilelmi de *Keu* unicam : & ideo terram tenet de † *Karenci* & de *Vilers le facon*, post mortem dicti Guilelmi de *Keu*. Dictus Dominus Nicolaus ex uxore sua plures genuit filios & filias : quorum primogenitus juvenis mortuus est : alius uxorem duxit filiam Domini de *Ronsoit*. Filiarum una duxit Domino Theoderico de *Bevre* : alia nupsit primogenito Domini Gerardi * *Jauche*.

† *Ligne*.
* *Monstreul*.

† *Reux*.

*Vannes* in Burgundiæ Comitatu.

* *Belloeil*, *Bailleul*.

† *KARENCI*, vide du *Chesne* in Probat. ad lib. ix hist. domus Bethuniæ.

* *Gerardus* Dominus de *Jauche*, in Gallo-Brabantia & de *Gommignies* in Hannonia floruit an. M.CCXL. *Miraus* in Chron.

---

### NOTATIONES.

*De Paribus Comitatus Montensis*] Ut Regnum Galliæ, sic & Comitatus Hannoniæ à multis retrò sæculis Pares XII habuit: solebant hi XII Pares, unà cum ipso Comite Hannoniæ, jus dicere & pro tribunali sedere: hodieque, siquando graviores *Parium* aut aliorum Procerum causæ in Curia Montensi tractentur, ad jus dicendum evocari solent, estque summa illorum auctoritas. Sunt autem hi *Pares* XII Hannoniæ

Dominus de *Avesnes*. D. de *Chimay*. D. de *Silly*. D. de *Longeville*. D. de *Baudour*. D. de *Barbanzon*. D. de *Chievre*. D. de *Lens*. D. de *Reux*. D. de *Rebaix*. D. de *Walincourt*. D. de *Quevy*, alias *Petit Kevy*. Hoc ordine illos leges apud Aubertum Miræum in Notitia Ecclesiarum Belgii cap. CLIV. pag. 392.

*Morlainwees*] Bertrand *Turcq* Chevalier Seigneur de *Morlanwez*, memoratur ad annum 1343 Annalium Hannoniæ lib. IV cap. XXXIX pag. 340 *Vinchant*.

*VASLECTUS*] *Vaslet*, quo de nomine interpretationem dabimus infra in Notationibus ad cap. XXVI.

*Lingne*] Hannoniæ pagus & antiquus Baronatus cum castro veteri, quod Dominium à Carolo V Imp. in Comitatum erectum anno MD.XLIV, & in Principatum ab Alberto Belgarum Principe M.CII. Pristinorum dominorum seriem reperies apud *Vinchant* Annalium Hannoniæ lib. IV cap. VII, & elogium gentis apud *Aub. Miræum* Diplomatum Belgicorum lib. II cap. XCIII. Ubi ait in Notationibus ad citatum caput; *Familia de Ligne apud Belgas nunc potentissima; utpote quæ Ducatum Arschotanum, Principatus de Arenberghe, Chimay & Barbanzon, Marchionatum de Roubaix, Comitatus de Beaumont, Aigremont & Seneghem, Baronias de Avesnes, Heverle, Birbeke, Quievraing, aliaque prædia amplissima hodie possidet.*

*Iauche*

16 *Chronicon sive Hist. Genealogica*

*Iauche*] Jaceana familia est una ex Brabantiæ antiquioribus ac nobilioribus, ex qua *Philippus de Iauche*, Dominus de *Herimez*, à Philippo IV Hisp. Rege, creatus Comes de *Mastain* anno 1626, Describitur Baronatus *Iauche* in Topographia Historica Gallo-Brabantiæ l.vi cap.1. Ubi veteres Jacheæ Domini recensentur. Consule etiam Miræum in Not.cap.214. Ubi leges Gentis istius fragmentum genealogicum, sed plenius reperies apud *Vinchant* Annal. Hann. lib.4 cap.7.

### XI

Philippi Primi.

*à Turci invasi*, ita scriptores medii ævi.
Referuntur hæc eadem à Christophoro *Butkens* Troph.l.iii cap. iv pag.87, sed plenius à *Vinchant* Annal.Hann.l.iv c.vi.

*Chiny* in Ducatu Luxemburgensi.

Postquam Balduinus, Comes Haynoniæ, filius Richildis, perditus fuit in itinere; in quo cum Hugone fratre Regis Francorum Philippi versus Imperatorem Constantinopolitanum Alexium ibant, *à Turci invasi*; auditis in Haynonia rumoribus, Ida Comitissa, uxor ejus, Romam peregre profecta est, ut aliquid veritatis inquirere possit super illis. Sed cum nihil aliud intelligere posset, nisi quod esset perditus; ad partes suas reverti nolens, tandemque per Ardennam transiens, apud S.Hubertum declinavit insidias sibi positas à Comite de *Cisneio*. Et postquam aliquamdiu stetisset ibi, reversa est in Haynoniam. Propter curialitatem autem, quam invenerat in Abbate, quædam allodia sua dedit ei juxta S.Hubertum, tali conditione, quod Abbas est Capellanus Comitis Haynoniæ, & tenetur infra Comitatum Haynoniæ ter in anno Missam celebrare ad petitionem Comitis. Post reditum Comitissæ Idæ, Balduinus filius ejus regimen Comitatus sibi assumpsit.

#### NOTATIONES.

*Hugone*] Hugo Magnus Veromanduorum Comes, ita dictus, non ob rerum gestarum gloriam, sed corporis proceritatem, obiit anno M.CII apud Tarsum in Cilicia. *Rob.de Monte*.

*Balduinus*] dictus Hierosolymitanus Comes Hannoniæ obiit anno MCII, in Syria: duxerat Idam, filiam Henrici II Comitis Lovaniensis & Bruxellarum.

*Apud S.Hubertum*] Monasterium Ord. S. Benedicti, antiquissimis temporibus *Andainense* nuncupatum à contiguo fonte *Andiana*: à Pippino *Heristallio* seu *Haristallio* in silva Ardenna *S.Beregiso* Abbate cooperante fundatum, instigante potissimum Plectrude prima Pippini conjuge. Quod postea S.Huberti, eo translati, nomen induit. Vixerunt autem *Andaini* primum Clerici seu Canonici Regulares: quibus amotis, cum à sua Regula degerassent, *Walcandus* Episcopus Leodiensis Benedictinos substituit an. DCCCXVII. Ut *Anselmus* commemorat.

### XII

*Marla, Marle,* oppidum Picardiæ ad aminem *Serram*.

Dicto de hiis qui processerunt ab Arnulfo filio Balduini, Richildis filii; dicendum est de hiis qui processerunt ex tribus filiabus ejusdem Balduini, filii Richildis. Quarum primogenita nupsit Domino Thomæ de <u>Marla</u>; cui peperit unam filiam, Idam nomine; quæ nupsit Domino Alar-

*Balduini Avennensis.*

Alardo de *Chismai*, cognomine *Poliere*, uni ex Paribus Comitatus Montensis; & peperit ei unum filium, Ægidium nomine, patri succedentem: quo quidem Alardo mortuo, dicta Ida nupsit nobili viro Bernardo de *Orbaco*.

*Chimay*, Chimacum Hannoniæ opidum, ad fluviolum *Vana-villam*, à Carolo Audace in Comitatum an. 1473, à MaximilianoImp. in Principatum erectum an.1486 *Miræus* Not.cap. 236.

NOTATIONES.

*Bernardo de Orbaco*] Andreas *du Chesne* Historiæ Domus de *Coucy* lib. VI cap. III, satur his verbis: Yde de Coucy *se remaria avec* Bernard d'Orbais, *qui la rendit mere d'un autre fils appelle* Engueran. Jacques de Guise, *ou son Traducteur, s'est abusé disant, que ce fut* Yde *de* Haynaut *mere de celle-cy, qui, demeurée veuve de* Thomas de Marle *son espoux, reprit une deuxiéme alliance avec* Alard de Cimay, *puis une troisiéme avec* Bernard d'Orbais, *mal nommé* Huatt *en la traduction. Car* Alberic & Bauduin d'Avennes, *plus anciens que luy, enseignent le contraire.* Cæterum Orbacum, *Orbais*, vicus est & Abbatia Campaniæ ad amnem *Sourmelon*.

Secunda filia Comitis Balduini, filii Richildis, vocata Richildis, nupsit Comiti de *Monte-forti* in Francia: post cujus obitum se reddidit in Abbatia Melbodiensi.

XIII

*Monfort.*

*Maubeuge.*

NOTATIONES.

*De Monte-forti*] compluria sunt loca in Francia istius nominis, ut difficile sit assequi, qualis hic designetur, inquirendum utique.

*Abbatia Melbodiensi*] Malbodium Monasterium, olim nobilium Virginum Ord.S.Benedicti ad Sabim fluvium in Hannonia, nunc Canonicarum Collegium, crevit sensim in opidum; hodieque munitissimum est.

Tertia filia dicti Comitis Balduini, Aëlidis nomine, nupsit Hugoni Domino de [a] *Rummengni*; cui peperit unum filium Nicolaum nomine, & sex filias. Et hic Nicolaus post patrem tenuit terram de *Rumengi*, ac terram de [b] *Florines*. Una vero sex filiarum nupsit Domino de [c] *Cons*, cui peperit filium unum, nomine Egidium. Secunda filia, nomine Beatrix, nupsit cuidam magno & nobili viro in Haynonia, nomine Goswino: qui unus erat de Paribus Montis [d] *Castri-loci*, & similiter de Paribus Valentiarum, nec non & *Belli-montis* similiter unus de Paribus. Et ut innotescat quis fuit iste Goswinus, sciendum, quod quidam fuit Comes [e] *Caluimontis*, nomine Reynerus; cujus uxor nobilis matrona, nomine Ermentrudis, eidem Reynero peperit filiam Ermengardem: & hæc Ermengardis

XIV

a *Rumigny*, en Thierasche.
b *Florennes*, Florinę opidulum inter Sabim & Mosam.
c *Cons*, forsan Conchæ-pons, ad Contzium pagum *Cons* & *Consarbrik* prope confluentes Saravi in Mosellam. Dudo de *Cons* memoratur à Miræo in Not.Eccl.c.186.
d Montis Castri-loci ] *La ville de Mons*, Bellus-mons, *Beaumont* Hanoniæ opidum.
e Calvimontis, *Chaumont*.

E

dis nupsit cuidam nobili, qui vocabatur Goswinus *de Montibus*. Hic igitur Goswinus & uxor ejus fundaverunt ecclesiam Dominæ nostræ de ᶠ *Aymeries*, dantes ei magnas possessiones: habuerunt autem filios & filias. Quorum primogenitus, nomine Isaac, patri succedens, ex uxore sua nobili genuit duos filios: quorum primogenitus vocabatur Goswinus, & alius Nicolaus; qui factus Clericus, postmodum fuit Episcopus Cameracensis. Goswinus autem, filius Isaac, fuit ille Goswinus de quo locuti sumus; qui uxorem habuit Beatricem, filiam Domini Hugonis de ᵍ *Rumonguiaco*; ex qua unum genuit filium & sex filias. Nomen filii Goswinus: qui juvenis mortuus est vivente patre. Filiarum vero una, nomine Ida, nupsit Domino Sigero de ʰ *Anghien*: post mortem cujus iterum nupsit Domino Reinero de ⁱ *Janche*, cui peperit tres filios; quorum primogenitus, Gerardus nomine, terram tenuit post patrem. Secundus, nomine Henricus, factus est Clericus & Archidiaconus in ecclesia Leodiensi. Tertius vocabatur Goswinus. Post mortem igitur dicti Goswini de ᵏ *Montibus*, successit in ejus hæreditatibus dictus Reynerus per uxorem suam: deinde mortuo dicto Reinero, dicta Ida iterum maritata est Domino Balduino *le Karon*: & dictus Gerardus patri succedens, uxorem duxit nobilem, ex qua genuit duos filios; quorum primogenitus vocabatur Reinerus, secundus Gerardus: qui duxit uxorem nobilem, ex qua genuit duos filios Gerardum & Reinerum. Post mortem itaque Reineri de Jauche patris, Gerardus filius ejus succedit ei; & Reinerus frater ejus, pro sua parte habens terram de ˡ *Saffengnies*, uxorem duxit filiam Castelliani de ᵐ *Montibus*, ex qua unum genuit filium. Gerardus vero primogenitus in uxorem duxit Bertam, filiam Domini Gobberti de *Bivel*, ex qua tres genuit filios & aliquot filias. Primogenitus istorum, nomine Gerardus, patri successit, secundus, nomine Guilelmus, pro parte hæreditatis habens terram de ⁿ *Gommengnies*, uxorem duxit filiam Domini de *Wasiers*; ex qua genuit filium, Guilelmum nomine, & filiam unam. Tertius vero, Joannes nomine, sine hærede decessit. Primogenitus itaque Gerardus uxorem duxit filiam Domini Joannis de ᵒ *Alneto* juxta Valenchenas, ex qua plures genuit filios & filias.

NO.

---

ᶠ *Aymeries* Hannoniæ municipium cum arce ad Sabim; *Berlaymontium* inter & Malbodium. Toparcharum seriem reperies apud *Vinchant* annal. Hannoniæ l. 4 cap. 48 pulchrè describitur à Guicciardino, quem consule.

ᵍ *Rumigny* in Thirassia.

ʰ *Anghien*] Angia Hannoniæ opidum. Angianorum stemma reperies apud *Vinchant* annal. Hann. l. 4. c. 22.

ⁱ *Jauche* supra cap. x.

ᵏ *De Mons*.

ˡ *Saffengnies* toparchia in Hannonia.

ᵐ DE MONTIBUS] *de la ville de Mons en Haynau*.

ⁿ *Gommegnies* prope *Quesnoy*. munitum Hannoniæ opidum.

ᵒ *Aunoy* ad rivum *Rosnel*.

## Balduini Avennensis.

### NOTATIONES.

*Hugoni Domino de Rummengni*] de quo *Vinchant* Annalium Hannoniæ lib. IV cap. VII tradit ista: *Baudoüin de Ierusalem Comte d'Haynau, eut entre autres une fille dite Alix, qui épousa Huges de* Rumigny *&* Florines, *desquels sortirent* Nicolas, *Seigneur des terres de son pere,* Beatrix, Alix, Richilde, Mahaut, *& deux autres filles, selon* Gilbert, *qui ont donné commencement à plusieures anciennes Maisons d'Haynau.* Gilbertus, quem citat *Vinchant*, fuit Balduini Magnanimi Flandriæ & Hannoniæ Comitis, anno 1170 defuncti, Cancellarius. Citat eum frequenter I. *Guisius* in Annalibus.

Hiis Ergo dictis, nunc dicendum est de secunda filia Domini Goswini de *Montibus*, Mathilde nomine. Hæc nupsit Domino Waltero de *Lingne*; post cujus decessum iterum maritata est Domino Waltero de *Fontanis*. Tertia filia, Domini Goswini, nomine Aëlidis, nupsit Domino Rogero de *Condato*. Quarta, nomine Ruissa, nupsit Domino Stephano *de Naing*. Quinta, nomine Beatrix, Domino Balduino de *Roisin*. Sexta, nomine Agnes, Domino Hugoni de *Spineto* Domino de *Antoing*. Nunc dicendum de tertia filia Domini Hugonis de *Rumegniaco*, vocata post matrem Aëlidis, quæ nupsit Domino *Doutour*. Quarta filia dicti Hugonis nupsit Domino de *Chiri* in terra *Retest*. Sexta filia dicti Hugonis de *Rumengni* nupsit Isaac, Domino de *Barbenchon*; qui ex ea genuit Nicolaum, qui successit patri. Prædicti vero Hugonis de *Rummengni* filius Nicolaus, patri succedens in terra de *Rummengni* & de *Florines*, uxorem duxit Dominam Domitionem, dominam allodii de *Chirue* ac terrarum circumjacentium, relictam Domini Rassonis de *Gavre*; ex qua duos genuit filios. Quorum primogenitus Nicolaus terram habuit de *Rumengni*: & alter, nomine Hugo, terram de *Florines*, qui dicitur magnæ strenuitatis. Item genuit dictus Nicolaus, ex dicta Domina Domitione, plures filias. Quarum una, nomine Juliana, nupsit Rainaldo de *Rosoi*, qui ex ea filium genuit, nomine Rogerum. Secunda, nomine Clementia, nupsit Gerrardo de Szaluc. Tertia, nomine Yolens, nupsit Henrico de *Hierge*, Advocato Hesbaniensi. Nicolao de *Rumengni* mortuo, successit ei filius suus Nicolaus: qui duxit uxorem Machtildem, filiam Domini Jacobi de *Avennes*; ex qua tres genuit filios, Nicolaum, Hugonem, & Jacobum.

XV
*Ligne* vide supra c. X & *Vinchant* l. IV c. VII annal. Hann. pag. 207 & 213.
*Fontaine.*
*Condé.*
*De Denain.*
*D'Espinoy.*
*Rumigny*, in Theoracia.
*Retel*, olim *Reiteste*, urbs Campaniæ ad Axonam amnem.
*Barbanson*, præclara Dynastia prope Belmontium, cujus Dominus est par Hannoniæ, in Principatum erecta ab Alberto Belgarum Principe anno M. DC. XIV. *Mirans* Not. Ecc. c. XXXVI. Seriem Toparcharum reperies apud *Vinchant* annal. Hannoniæ l. 4 c. 7. *Chirve*, Chievres, lat. *Cervia*, Hannoniæ opidum.
*Rosoi* en Thirasse, vel *Rosoy* in Bria, *Roserum* ad fluviolum l'Yorre.
*Hierge* Castrum cum pago ad Mosam prope Carolo-montium.
*Avennes*, Avennensium dominorum stemma reperies apud Aub. Miræum. *Donat.* Belg. l. I c. CXVII & in Not. c. CLIX. *Vinchant* annal. Han. l. IV c. XI.

## NOTATIONES.

*Duxit dominam* Domitionem, *dominam allodii de Chirve*] *Montibus distat Servia,* inquit Lessabæus, *quinque passuum millibus, urbecula pro sede ac magnitudine non inelegans, & equestribus nundinis pervulgata.* Et paulo post, *Serviam* (CHIEVRES) *auxit Damisona* (DOMITIONEM intellige*) quædam herois, quæ plurimis opibus ex ternis nuptiis abundans, Leprocomion instituit, authoritate Lucini tertii Pontificis Rom.* Inter characteres temporis, quibus definiri *Damisonæ* ætas potest, eminet Pontificatus præfati Lucini III (aliis Lucii) qui sedit annos quatuor menses duos, XVIII dies; obiitque Veronę an. MCLXXXI. Consule Miræum Not. cap. 129.

XVI

Dicto superius de Arnulfo, fratre Balduini Comitis Haynoniæ hujus nominis secundi, post Richildim, & de tribus eorum sororibus, ac etiam de illis qui ex iis processerunt; dicendum est de ipso Balduino, qui uxorem duxit Yolendim, filiam Comitis Gelriæ; ex qua duos genuit filios & duas filias, Balduinum & Gerardinum. Filiarum primogenita nupsit Domino de *Toëngni*, cui quatuor peperit filios; Radulphum, patrem Rogeri; Rogerum, Balduinum, & Gaufridum. Secunda filia Balduini prædicti maritata est Castellano Tornacensi, cui peperit Evrardum *Raduel*, strenuum Militem; qui duxit uxorem Filiam Domini Roberti de *Betunia* Advocati Attrebatensis, ex qua genuit filiam nomine Richildim, uxorem Domini Gilberti de *Audenarde*, quæ terram de *Fingnijes* possidebat ex parte matris, cui Comes Balduinus eam contulerat in dotem. Et hæc Richildis, mortuo dicto Gilberto, cui filium unum pepererat Arnulfum nomine; maritata est Domino Waltero de *Sottemgeen*. Gerardus autem *Raduel*, vivente uxore sua prima, superduxit matrem Conani, & Joannis, & Radulphi, qui tenebant Comitatum *Suessionensem*, terram de *Neele*, & Castellaniam Burgensem; & genuit ex ea filium nomine Balduinum, qui postmodum tenuit dominium de Mortania & Castellaniam Tornacensem. Iste Balduinus de Mortania postmodum uxorem duxit filiam Senescalli Flandriæ, nomine Hediardem, ex qua genuit filium, Evrardum *Raduel* nomine, post annum. Et hic Evrardus *Raduel* uxorem duxit filiam Domini Engelberti de Enghien, ex Adelina filia Domini Jacobi de Avennes; & genuit ex illa filium, Arnulfum nomine. Dictus igitur Evrardus *Raduel*, uxore mortua, aliam

*Toëgny.*

FILIAM] J. Guisius dicit *Sororem.*
BETUNIA *Betune* urbs Comitatus Artesię ad amnem Lavula, *Lavierte.* Vide Andream *du Chesne* in Hist. Domus Bethuniæ lib. 1 cap. 11.
Aldenarda, Oudenarde, *Audenarde*, Flandriæ urbs, Gandavum inter & Tornacum ad Schaldim fluvium quo bipartitur.
Sotteghem municipium agri Alostani.

*Raduel*, Radoulx, quod semel hic indicasse suffecerit, nam sæpius recurrit.

du-

*Balduini Avennensis.*　21

duxit uxorem, heredem scilicet terræ de ᵃ *Nevella* juxta Gandavum; ex qua genuit filios, Michaelem qui juvenis decessit, & Rogerum. Et dicto Evrardo *Raduel* mortuo, Arnulfus primogenitus eidem succedens, uxorem duxit Yolent filiam Domini de ᵇ *Couchi*, Domini de ᶜ *Vervino*; ex qua plures genuit filios; quorum primogenitus Joannes, patri succedens in dominio, uxorem duxit Mariam, filiam Domini Eustachii de ᵈ *Scoufflans*, ex qua unicam genuit filiam. Secundus, nomine Thomas, uxorem duxit filiam Domini Egidii ᵉ *Brinii* Franciæ Constabuli; ex qua genuit filios & filias. Tertius, nomine Rodulfus, in Apulia decessit. Quartus Arnulfus, factus est Clericus. Quintus Guilelmus, & sextus Balduinus. Primogenita vero filia dicti Domini Arnulfi de *Mortania*, Machtildis nomine, nupsit Castellano Insulensi, cui plures peperit filios & duas filias. Quorum primogenitus Joannes, patri succedens in Castalania, uxorem duxit Domini Joannis de ᶠ *Nigella*. Secunda filia Domini Arnulfi de *Mortania*, nomine Isabellis seu Elisabeth, nupta est Domino Arnulfo de ᵍ *Dieste*, plures ei peperit filios & filias. Tertia, nomine Maria, nupta Domino Joanni *Bertout*, Domino de *Gramines*; cui peperit filios & filias. Dicti vero Evrardi Domini de *Mortania* filii de secundis nuptiis, Radolphus primogenitus, uxorem duxit filiam Domini Guilelmi de *Bethunia* Domini de ʰ *Pontroart*, Joannam nomine, ex qua filios genuit & filias. Secundus filius Domini Evrardi *Raduel*, nomine Rogerus, uxorem duxit heredem de ⁱ *Seneffle*, relictam Domini ᵏ *Walteri de Braine*, ex qua genuit Joannem & Robertum.

ᵃ *Nevella, Nevele.*
ᵇ *Couchi*, Codiciacum seu Cociacum, *Concy* Castrū, in agro Suessionensi prope Præmonstratum, Dominos habuit magni nominis. De quibus consule Andreā *du Chesne* in hist. Codiciacensi.
ᶜ De Verwino, *Vervins*, Picardiæ opidum.
ᵈ *Scoufflans*, lege *Conflans*.
ᵉ Lege BRUNII FRANCIÆ CONSTABULI. *Gilon de Trasignies, dis le Brun Connestable de France.*
ᶠ *Nigella, Nesle*, Picardiæ opidum.
ᵍ *Dieste, Diesta* Brabantiæ opidum ad Demeram amnē. Vide Miræum Donat. Belg. l. 1 cap. 126, & Not. Eccl. cap. 218.
ʰ *Pontroart, Pontrohart, Pont-Rouwaert*, in agro Bergæ S. Winoci vide *du Chesne* l. 4 hist. Domus Bethuniæ.
ⁱ *Seneffle*, forsan *Seneffe* pagus amplus Gallo-Brab.
ᵏ *Walteri de Braine, Walteri-Brania* pagus cum monasterio in Gallo-Brabantia vulgo *Wauthier-Braine.*

Est præterea Brana, *Braine*, opidum Insulæ Franciæ ad vidulam fluvium, & aliud in agro Suessionensi, quod hic designari arbitror.

---

### NOTATIONES.

*Domini Roberti de Betunia Advocati Attrebatensis.*]

Quinque aut sex ex primis Bethuniæ Dominis (quod est opidum Artesiæ non ignobile) per annos fere ducentos, omnes ex ordine nuncupati fuerunt *Roberti*, proinde difficile illos distinguere. Potentes fuerunt, atque illustris monasterii S. Vedasti, in urbe Attrebatensi siti, quondam Advocati; ideoque passim Advocati Attrebatenses nuncupantur. Quod monere visum fuit, ne quis existimet ipsos urbis Attrebatensis Dominos aut Advocatos fuisse; rem accurate narrat Andreas *du Chesne*, lib. primo cap. tertio Historiæ Domus Betuniæ.

*Et genuit ex ea filium nomine Balduinum, qui postmodum tenuit dominium de Mortania & Castellaniam Tornacensem.*]

Domini Mortaniæ aliquot sæculis fuerunt Castellani Tornacenses. Ex his Maria, Joanni Brabantino *Virsonii* Domino nupta, *Mortaniam* & *Castellaniam Tornacensem* Regi Franciæ anno M.CCCVI vendidit. Vide Auberti Miræi Chronicon Belgicum ad annum 1306,ubi reperies stemma dominorum *Mortaniæ* & *Castellanorum Tornacensium.* Ex his Everardus Radulfus (*Radoulx*) Abbatiam Canonicorum Ord. Præmonstratensis, haud procul ab arce Mortaniensi fundavit, ubi hoc ejus epitaphium legitur.

*Evrard Radoulx Prince de Mortagne, Chastellain de Tournay, vray edifieur de cette Eglise, est icy ensevely en l'an* M. CXVIII.

## XVII.

*a* BOUCHAING] Bochanium Haunoniæ opidum ad Schaldim amnem, in Austrabantensi tractu cujus caput existit.
*b* DE ROBODIMONTE] *Ribemont* Picardiæ opidū ad Oësiam flu.
DE ORENGNIACO] *Origny*, pagus & Abbatia Picardiæ ad Oësiam amnem.
*c* De Castello in terra de Porcino] *Chasteau Porcien,* Castrum Porciani,Campaniæ opidum in agro Retelensi ad *Axonam* amnem.
*d* DODEWERD,] *Doreweert* prope Arnemium, Geldriæ caput.
*e* DALA,] *Dalem* prope Gorchemium, ad Mosam in confinio Geldriæ locus antiquus. Terram de Ostrovanco] *l'Ostrevant*, olim pars Comitatus Valencenarum.
*f Chievres*, Hannoniæ opidum. Vide cap.xv.
*g Berlaymont*, ad Sabim, inter Landrecium & Malbodium Hannoniæ opida. Toparchia & familia celebris.
*h Busengnies*, Hannoniæ pagus valido castro instructus. *turrim*, intellige castrum.
*i* Balduinus III Ædificatur. Obiit an. M.LXXI.

Prædicto igitur Balduino hujus nominis secundo, post Richildem satis juvene defuncto, & sepulto in ecclesia S. Waldetrudis; uxor ejus Comitissa Yolens iterum maritata est Domino Godefrido de *ᵃ Bouchaing,* vassallo suo,Castellano Valenchenensi ac Domino de *Ostrovanco*, de ᵇ*Robodimonte*, de *Orengniaco* ac de *Castello* in terra de ᶜ*Porcino*; cui peperit Godefridum & Bertam. Balduinus, primus ejus filius de primo marito, Comitatum tenuit post patrem. Et Gerardus secundo genitus, terram ex parte matris tenuit versus Gelriam, videlicet ᵈ *Dodewerd* & ᵉ *Dala*: qui postea genuit filium Henricum,strenuum & famosum.Hic igitur Comes Balduinus hujus nominis tertius, post Richildim, acquisivit à fratre suo ex parte matris Godefrido *Castellaniam Valencenensem* ac terram de *Ostrovanco*, cum aliis quæ in Cameracesio possederat. Soror autem ejus Berta Comiti nupsit de *Daraz* [f.*Duraz*]: quo defuncto maritata est D.Egidio de S. Auberto,viro famoso, Haynoniæ Senescallo; cui peperit filium, Gerardum nomine; ac filiam, postmodum uxorem Domini Nicolai de *Barbenchon*.Dictâ Bertâ mortuâ, dictus Egidius duxit Machtildim de *Berlaymmont*, quæ filia fuerat Domini de *Chin*, ex Domina Domitione de ᶠ*Chyrve*. Et hæc Machtildis,hæres terræ de ᵍ *Berlaymmont* atque Camerariatus Haynoniæ, dicto Domino Egidio unicum peperit filium, Egidium nomine. Egidius vero pater ædificavit ʰ *Busengnies*, ac *turrim* quam in feudum recepit à Comite Haynoniensi Balduino.Item ædificavit *Bohaing*. Dictus ⁱ *Balduinus* Comes,qui guerras habuerat contra vicinos suos, & specialiter contra Comitem Flandriæ Theodericum, & bene se defenderat; uxorem duxit Aëlidem, filiam Comitis Namurcensis Godefridi, & Ermensendis: duas enim uxores duxerat idem Godefridus. Ex quarum prima duas genuerat filias. Et harum una nupsit Domino

Ro-

Regero de *Rosoi*, qui ex ea duos genuit filios ac filias. Horum primogenitus Raynaldus uxorem duxit Julianam, filiam Domini Nicolai de *Rummengni*, de quo dictum est prius. Alter filius, nomine Rogerus, postea fuit Episcopus Laudunensis. Una filiarum dicti Domini Rogeri nupsit Domino Egidio de *Cymai*. Altera, nomine Anselis, Domino Philippo de *Auterive*. Secunda filia Godefridi Comitis de *Namurco* ex prima uxore, nupsit Domino de *Spinoi* & de *Antoing*, cui peperit filios & filias : quarum unam duxit Dominus de *Avennes*. Dictus Comes Namurcensis Godefridus, de secunda uxore Ermensende nomine, genuit duos filios & tres filias. Primogeniti nomen Henricus, alterius Albertus, qui juvenis mortuus est. Filiarum primogenita Aëlidis nomine, nupsit Comiti Haynoniensi Balduino, ut dictum est. Secunda nupsit Duci *Cyringiorum*, cui peperit tres filios & unum filiam. Primogeniti nomen *Bertoldus*, secundi *Radulfus*, qui postea fuit electus Moguntinensis ; tertii nomen Hugo. Filia vero desponsata fuit Duci Saxoniæ Henrico : sed Imperator Henricus matrimonium impedivit, & *Radulfum* prædictum ab electione repelli procuravit, quia timebat eorum potentiam. Idem tamen *Radulfus* postmodum fuit Episcopus Leodiensis, & fecit ibi Palatium. Tertiam vero filiam Comitis Namurcensis Godefridi, duxit Comes *Reytensis*, qui ex ea genuit quatuor filios & plures filias. Primogenitus, nomine Manacerus, patri successit in Comitatu. Secundi nomen Henricus; Tertii Balduinus, Quarti Albertus, qui factus Clericus Præpositus & Archidiaconus fuit in Ecclesia Leodiensi. Filiarum una Regi *Siciliæ* nupsit *Rogero*, qui ex prima uxore genuerat Guilelmum ; qui post mortem patris ei successit in regno *Siciliæ*, Ducatu *Apuliæ* ac principatu *Capuæ*. Ex secunda vero uxore sua, filia Comitis dicti *Reytesten*, unam genuit filiam nomine Constantiam, quæ postmodum nupsit Henrico Imperatori ; cui peperit Fredericum de *Apulia* puerum, postea Imperatorem. Secunda filia dicti Comitis *Reytesten*, duxit Domino Hugoni de *Petra-ponte*, cui plures peperit filios Milites & unum Clericum, postea Episcopum Leodiensem. Dicti Godefridi de Namurco filius Henricus Comes Namurcensis, ac etiam de *Lucelburg*, factus postmodum cæcus, perpendens uxoris sterilitatem quam diu

*Rosoi*, vide supra cap. xv.

*Chimay*.

*Hauterive*.

D'*Espinoy*.

Infra in Notatione declaratur causa alia quam potentia.

*Retel*.

*Retel* vide supra cap. xv.

Fredericus Barbarossa.

*Retel*.
Pierrepont sive Pierpont vide Chapeavillum tom. 2 in Hugone de Petra-Ponte lxv Episc. Leod.

*Luxembourg*.

diu habuerat, nec heredem habere poterat, talem fecit conventionem inter se & Comitem Haynoniæ Balduinum, qui sororem suam habebat uxorem ; quod dictus Balduinus ei acquisivit allodia, quæ ambæ Sorores uxoris suæ tenebant in terra Namurcensi, cum eo quod ipse nunc per uxorem tenebat in eadem terra ; & post decessum dicti Comitis, totus Comitatus ille devolui debebat ad uxorem dicti Balduini & ad heredes ejus.

---

### NOTATIONES.

*Duci Cyringiorum*] Zaringensium seu Zeringensium Ducum, qui Cyringiorum nomine hic designantur, magna olim potentia fuit : utrumque *Friburgum* & *Bernam* erexerunt, arces & cœnobia plurima, ac pene toti Brisgaugiæ præfuerunt, in qua, medio millari infra *Friburgum*, situm est in edito monte castrum *Zaringen*, jam olim dirutum. Vide Irenicum lib. III Exegeseos Germaniæ cap. c. & Sebastianum *Munsterum* in Germania lib. III, qui fuse scribit de eorum prosapia & tragico fine puerorum Ducis *Bertholdi*.

*Idem tamen Radulfus postmodum fuit Episcopus Leodiensis.*]

De illo leguntur ista, in Gestis Pontificum Leodiensium. *Post Alexandrum* RADULPHUS, *vir secundum sæculi dignitatem non infimus, frater scilicet* Bertholdi *Thuringiæ Ducis, ac Conrardi &* Alberti, *adjuvantibus avunculo suo Henrico Comite Namurcensi, & aliis cognatis suis viris nobilibus, electus est Episcopus sexagesimus secundus, vir utique acri ingenio & sæculari prudentia, qui valde laude dignus extitisset, si quod acceperat gratis, dedisset gratis. Is Moguntiæ post* Henricum *&* Arnulphum *erat Archiepiscopus, sed quia stimulante avaritia confregerat* Benonem, *hoc est quandam statuam auream in civitate Moguntina, quam Judæi suo ære jussu Imperatoris erexerant, eo quod pincernam ejus nomine* Benonem *occidissent ; aurum vero omne expenderat, & cognatis suis diviserat ; idcirco ab Archiepiscopatu cedere debuit*. Hactenus Ægidius Aureæ-Vallis, cap. XLVII, qui etiam de ejusdem *Radulphi* avaritia cap. LII, ita fatur : *Præbendas in foro rerum venalium, per manum cujusdam Carnificis, qui appellabatur* Udelinus, *senex quidam & inveteratus dierum malorum, vendi faciebat, &c.* Ejus autem mortem narrat idem scriptor cap. LVI, his verbis ; *Radulphus Episcopus, proprii sceleris eum acriter perurgente conscientia, Crucis charactere coram omnibus insignitus, & ad partes Hierosolymitanas profectus est anno Domini* 1190. *Profectus & eodem itinere Romanorum Imperator* Fredericus Magnus *Cruce signatus, & alii multi &c.*

Noster vero *Radulphus postmodum revertens ad propria, cum jam quasi in januis soli natalis esset, vitiatum veneno ferculum sive poculum (utrum tamen hoc vel illud ambigimus) latenter sibi oblatum sumpsit, ut dicitur, sicque vitam finivit, sepultusque est in quadam proprietatis suæ Ecclesia anno Domini* M.CXCI.

*Albericus monachus Trium-fontium*, in Chronico suo Ms. prædictis adstipulatur ad eundem annum, præterquam quod nullam faciat veneni oblati mentionem : verba ejus hæc sunt : *Episcopus* RADULPHUS *à Sancta Terra revertitur, & antequam fines sui Episcopatus attingeret, in terra sua, infirmitate gravi diem clausit extremum, sepultus in quadam Ecclesia proprietatis suæ. Similiter &* Petrus *Episcopus Tullensis & quidam alii in eodem itinere fuerunt mortui.*

*Albertus, qui factus Clericus Præpositus & Archidiaconus fuit in Ecclesia Leodiensi.*] Meminit ejus Ægidius Aureæ-vallis, asseritque fuisse, *hominem stolidum & illiteratum, cui parum gratiæ præter genus erat.* Vide Gesta Pontificum Leodiensium Tom. II cap. LVII in vita Alberti Lovan. LXIII Episc. Leod.

Lege *Zaringia*.

Hic

**XVIII** Hic ergo Comes Balduinus, hujus nominis tertius, post Richildim, ex uxore sua Aylide, sorore Comitis Namurcensis Henrici, quatuor genuit filios; Balduinum, qui juvenis decessit, sepultus apud *Binthium*; Godefridum, Balduinum, & Henricum; ac tres filias, Yolendem, Agnetem & Laurentiam. Godefridus uxorem duxit Alionordem, filiam Comitis *Viromanniæ* Radulfi; qui duas habebat filias, quarum primogenitam Comes Flandriæ Philippus uxorem habebat. Dictus igitur Godefridus, cum XVI annorum esset, & Miles fieri vellet, mortuus est & sepultus in ecclesia S. Waldetrudis.

*Binthium, Binchium* Hannoniæ opidum, *Binche* ad fluvium *Hainam*, qui in eo tractu oritur.

*Veromanduensis ager, le Varmandois* in Picardia, Comitatus antiqui titulo insignitus.

### NOTATIONES.

*Comes Flandriæ Philippus*] Ditionum amplitudine majores suos antecessit: *Viromandiæ* enim, *Valesii*, *Ambianique* Principatum per uxorem possedit. Primus antiqua Flandriæ insignia atri Leonis signo commutavit. Quum cognatos Solymorum Reges bis adiisset, in obsidione *Acræ Ptolemaidis*, cum multis Episcopis Proceribusque, peste absumptus ann. MCXCI, ibidemque in suburbio & cœmiterio D. Nicolai tumulatus est, donec ab uxore ad *Claravallis*, Burgundiæ in agro Lingonensi cœnobium (ob Bernardi sancti viri, Philippo familiaris, memoriam) transmoveretur.

**XIX** Filiarum vero primogenita Yolendis nupsit Yvoni Comiti *Suessionensi* seniori, qui *Nigellam* tenebat. Iste Yvo famosus erat in liberalitate & prudentia super omnes *Barones Franciæ*. Hæc itaque Yolendis, prolem non habens ex dicto Yvone, post mortem ejusdem, Comiti de *S. Paulo* nupsit Hugoni; cui duas peperit filias, Elisabeth & Eustachiam. Secunda filia Comitis Balduini Agnes, multum formosa, sed parum claudicans, Domino Radulpho de *Couchi* nupsit; cui tres peperit filias, quarum primogenita Yolendis Domino Roberto de *Drewes* & de *Brana* nupsit, qui filius fuit Domini Roberti, fratris *Ludovici Francorum Regis*; & peperit ei quatuor filios & quinque filias. Primogenitus, nomine Robertus, patri successit in Comitatu. Secundus, nomine Petrus *Mauclerf*, factus est postea Comes *Britanniæ*, per uxorem. Tertius, nomine Henricus, factus Clericus & postmodum Remensis Archiepiscopus, Castrum *Portæ-Martis* fortificavit. Quartus vero duxit uxorem Comitissam *Matisconensem*, ex qua tamen heredem non habuit.

*Soissons, Nesle.*

*S. Paul en Artois.*

*Couci* vide supra cap. XVI.

*Drewes*] Drocum, *Dreux*, urbs Insulæ Franciæ ad amnem *la Blaise*, scripsit historiam Domus Drocensis Andreas *du Chesne*, quo in opere frequens *Brana* fit mentio, & nos perstrinximus supra c. XVI.

*Mauclerc.*

*Castrum Portæ-Martis.*

*Quartus*] dictus *Joannes*: Is vendidit cum *Aalisia* uxore sua Comitatum Matisconensem S. Ludovico Francorum Regi, anno 1230: diploma exhibet *du Chesne* in Prob. ad Lib. 1 Hist. Domus *de Dreux* pag. 259.

## NOTATIONES.

*Comitissam Matisconensem*] Matisco urbs Æduorum ad Ararim, habuit quidem olim Comites, sed Comitatus ille, à pluribus retrò seculis, Francorum Regibus transcriptus. De priscis autem Comitibus diligenter inquirit Petrus de *Sancto Iuliano*, in Antiquitatibus Matisconensibus, quo in opere pag. 255 editionis Parisiensis anni 1580 vulgavit antiquorum Matisconensium Comitum seriem, desumptam ex vetusto codice catenato in gazophylacio Ecclesiæ Cathedralis Matisconensis, sed sine ulla temporis ratione.

XX

a *Salins*,] Salinæ urbs in Comitatu Burgundiæ ad Foricam amnem. *Ultra Saonam*, intellige Ararem, *la Saone*.
b BARENSI, *Bar le Duc* ad flumen Orneam. Comitum & Ducum Barrensium stemma scripsit Andreas *du Chesne* quem consule.
c *Kievrain* Hannoniæ pagus, Valencenas inter & Montes: Dominorum seriem lege apud *Vinchant* Annal. Hannoniæ lib. IV. cap. XXXI.
d *Duxit*, pro nupsit, ita medii ævi scriptores.
e *La Ville d'Eu* en Normandie ad fluvium Bresela.
f *Dampierre*, Dampetra, alii Latinius *Dominicum Petri*, in Burgundia; suntque ejusdem nominis plura loca in Gallia.
Deest tertia.
g FONTIS EVRALDI,] *Fontevrault* opidulum in Andegavensi provincia cum Abbatia percelebri, vix una leuca à Ligeri, 3 à Salmurio.
h *Roussi* sive *Roucy* Castrum Campaniæ, Comitatus titulo illustre, inter Fimes & Pont à Vere.
i DREWES, *Dreux*

Primogenita quinque filiarum Comitis Roberti nupsit Domino de ª *Salins*, qui erat Comes ultra Saonnam. Secunda Comiti ᵇ *Barensi* Henrico, qui ex ea plures genuit filios & filias. Filiorum primogenitus Theobaldus patri successit in Comitatu. Secundus, Henricus nomine, juvenis Miles, mortuus est. Tertius, nomine Renaldus, uxorem duxit filiam Domini Nicolai de ᶜ *Kieverain*, ex qua hæredem non habuit. Una vero filiarum Comitis *Barri* ᵈ duxit Domino Henrico de *Lucelburg*, filio Comitissæ Ermensedis Comitis Namurcensis, Henrici cæci filiæ. Et hic Henricus Comes de *Lucelburg* ex uxore sua plures genuit filios & filias. Tertia filia Comitis Roberti & Yolendis nupsit Comiti de *Augo*: quæ similiter Yolendis nomine peperit dicto Comiti de ᵉ *Eu* unicam filiam; quæ nupta Domino Alfonso, filio Regis *Aconensis* Joannis, unum ei peperit filium & duas filias. Nomen filii Joannes, qui uxorem duxit filiam de *S. Paulo* Guidonis, ex qua plures genuit filias. Una filiarum, Elisabeth nomine, nupsit Domino Joanni de ᶠ *Dam-petra*: secunda monialis facta est. Quarta filia Comitis Roberti facta est Abbatissa ᵍ *Fontis-Evraldi*. Quinta nupsit Comiti de ʰ *Roussi*, qui ex illa non habuit hæredem. Filiorum autem Comitis Roberti de ⁱ *Drewes* & Yolendis primogenitus, nomine Robertus, patri succedens, uxorem duxit filiam unicam Domini de *S. Walerico*; ex qua genuit filios & unam filiam, Joannem primogenitum & Robertum: nomen filiæ Yolendis, quæ nupsit Duci *Burgundiæ Hugoni*: qui ex ea tres genuit filios & unam filiam. Nomen primogeniti, Odo, qui fuit Comes ᵏ *Nivernensis*. Nomen secundi, Joannes; Tertius vero, Robertus nomine, patri successit in Ducatu, eo quod alii duo fratres decesserunt vivente patre. Filia vero dicti *Hugonis*, *Alaydis* nomine, nupsit ˡ *Henrico* Duci *Brabantiæ*, cui tres peperit filios & unam filiam. Nomen primogeniti

Hen-

vide supra c. XIX. k NIVERNENSIS, *le Nivernois* provincia satis extensa versus Ligerim. l *Henrico III* aliis IV obiit M. CCLX ultima Feb. *Aleydis* vero anno M. CCLXXIII, Octob. XXIII.

Henricus, qui propter ineptitudinem ejus ad terram regendam tonforatus eft, & factus eft Canonicus Regularis in Burgundia apud *S.Benignum* Divionenfem. Secundus, nomine *Joannes*, patri fuccefsit in Ducatu. Tertius, nomine Godefridus, uxorem duxit hęredem de *Virzem*. Nomen filię *Maria*, quæ nupfit Regi *Francorum Philippo*, qui prius habuerat uxorem filiam Regis *Arragonum*, ex qua tres genuerat filios. Dux *Brabantiæ Joannes* prædictus uxorem duxit, primo *Margaretam*, fororem dicti Regis *Francorum Philippi*; qua fine hęrede mortua, aliam duxit *Margaretam*, filiam Comitis *Flandriæ* Guidonis, ex qua filios genuit & filias. De hujus itaque Joannis progenitoribus fciendum, quod Rex Francorum *Carolus*, filius Caroli Simplicis, ex Regina *Ogina*, Regis Anglorum Anchelmi filia, duos genuit filios; Lotharium, qui patri fuccefsit in Regno, & Carolum Ducem Lotharingiæ. Hic Carolus duas genuit filias, Ermengardim, quæ nupta Comiti *Namurcenfi* peperit Albertum Comitem, qui patri fuccefsit in Comitatu; & Gerbergam, quæ nupfit Lamberto cum barba, fratri Reineri Longicolli Comitis *Montenfis*. Ifte Lambertus *Bruxellam* tenebat in hęreditate fua. Et hic Lambertus ex Gerberga genuit Henricum feniorem, Comitem *Bruxellenfem*; & ii fundaverunt ecclefiam S. Petri in *Lovanio*. Ifte Lambertus, preliando contra Epifcopum *Leodienfem* Baldricum, apud *Huardil* devicit eum: poftmodum tamen in prælio fuit occifus apud *Florinas*. Henricus igitur fenior, patri fuccedens in Comitatu Lovanienfi, duos genuit filios & unam filiam: quorum primogenitus Henricus, & alter Lambertus. Filia vero, Machtildis nomine, Regi Angliæ Stephano nupta eft. Lambertus vero patri fuccefsit in Comitatu Lovanienfi, quia frater ejus primogenitus fine hęrede decefsit. Hic itaque *Lambertus* uxorem duxit Odam, & hii fundaverunt ecclefiam S. Gudilę, ponentes ibi Canonicos, quibus decimas dederunt de *Bruxella*. Dictus quoque Lambertus ex Oda genuit Henricum, qui patri fuccedit in Comitatu, & genuit duos filios, Reinerum primogenitum & Henricum: quo Reinero in Hasbania occifo, cum hęres ei non efset, fuccefsit in Comitatu patri Henricus: qui duos genuit filios, Henricum primogenitum & Godefridum cum barba. Mortuo igitur patre fuccefsit ei primogenitus Henricus, qui de

uxore

---

S. BENIGNVM,] lege S. Stephanum.

*Joannes* Primus.

VIRZEM,] virfio, opidum Franciæ in Bituricenfi provincia ad Carim amnem, ubi recipit Avarum, *Vierfon en Berry* confule Andream *du Chefne* in hiftoria Drocenfi l.1 c.3. pag.81.

*Rex Francorum Carolus*] rectius LudovicusTransmarinus.

*Ogina*] aliis *Edgina, Algina, Ogiva, & Orgiva*.

*Anchelmi*] fic fcriptus codex habet. Puto tamen Legendum *Edwardi*.

L. Hugardil, *Hugarde*.

*Devicit eum*] An.1013.

*Apud Florinas*] An.1015.

*Lambertus*] aliter *Baldericus* obiit an. 1054 jacet Nivellis.

*S.Gudilæ,*] Bruxellenfis: circa hanc fundationem non admodum conveniunt fcriptores.

, *Occifo,*] 1077.

28 Chronicon sive Hist. Genealogica

uxore sua quatuor genuit filias, quarum unam Imperator Fredericus duxit uxorem. Postea dictus Henricus Comes, Tornaci occisus, & Nivellę sepultus. Successit igitur ei in Comitatu frater suus Godefridus cum barba, eo quo filium non habebat. Huic itaque Godefrido Imperator, Henricus nomine, contulit *Ducatus Lotharingiæ, propter quod ipse & successores sui deinde vocati sunt Duces.* Et hic Godefridus duos habuit filios & tres filias. Primogeniti nomen Godefridus, alterius Henricus, qui monachus factus est in monasterio *Affligensi.* Filiarum primogenita *Aëlidis,* Regi Angliæ maritata est. Secundam, nomine Ydam, Comes Clevensis duxit in uxorem. Tertia, nomine Clarissia, virgo permansit. Demum hic Godefridus defunctus est anno Domini *MCXXXIX, & apud *Affligense* monasterium sepultus quod ipse fundaverat. Godefridus ergo filius ejus in Ducatu succedens, uxorem duxit sororem Imperatoris *Lutgardem*: post quatuor annos defunctus est. Cui Godefridus ejus filius successit, infans unius anni: qui ad ætatem perveniens, uxorem duxit Margaretam; sororem Ducis *Lemburgensis*; ex qua duos genuit liberos, Henricum postea Ducem, & Albertum. Qua Margareta defuncta, Dux Godefridus secundam duxit uxorem Ymainam, sororem Comitis *Losensis*; ex qua unum genuit filium, Guilelmum nomine, à quo descenderunt heredes de *Perewes.* Iste Godefridus Dux, cum filio suo Henrico, longo tempore guerram habuerunt cum Comite *Haynoniæ* Balduino, hujus nominis tertio post Richildim, & contra Balduinum filium ejus. Hic igitur Godefridus, postquam Ducatum tenuerat XLVII annis, mortuus est anno Domini MCXC: cui successit filius ejus Henricus. *Albertus,* factus Clericus & postea Leodiensis Episcopus, occisus est juxta civitatem Remensem. Henricus itaque Dux uxorem duxit Mathildim, filiam Comitis Boloniensis Mathei, Philippi Comitis Flandriæ germani; ex qua duos genuit filios & tres filias. Primogeniti nomen Henricus, alterius Godefridus: filiarum primogenita Maria, Imperatori nupsit Ottoni. Secunda, nomine Aëlidis, Comiti *Alveniæ* Guilelmo. Tertia, nomine Machtildis, Comiti Hollandiæ Florentio; strenuo Militi pro tempore suo, qui juvenis mortuus est in torneamento apud *Bovos.* Machtilde autem Ducissa mortua, Dux Henricus aliam duxit uxorem *Margaretam*

*Occisus* ] an. 1096 in armorum ludo cæsus.

Nota bene. Ducatus] intelligę utrumque Ducatum, *Lotharingiæ* & *Brabantiæ.*
Monasterium Ord. S. Benedicti in Brabantia, versus Aloftum Flandriæ opidum.

*Godefridus*] dictus Barbatus.

*Aliis 1140.

*Quod ipse fundaverat*] rectius auxerat, nam Henricus III frater ejus Affligemium condidit ditavitque: an. 1086. Consule Aub. Miræum in Codice Donationum cap. LXV.

*Lossensis*] dicitur etiam Lonensis, *Los*, in ditione Episc. Leod.

Perewes, Peruwez, & Perwez, Perwisinum Gallo-Brabantiæ municipium & Baronatus.

Harço XLIV.
Harço MCLXXXVI.

*Occisus*] Accidit anno 1192. vide Miræum in faftis Belgicis ad diem 21 Novemb. ubi leges quomodo Beatis adscriptus sit, corpusque ejus translatum.

L. Alverniæ, l'Auvergne.

Boves, in Picardia, an. MCCXXXIV.

Margaretam, lege Mariam.

*tam*, Comitis Namurcenſis Philippi relictam, Regis Francorum Philippi filiam; ex qua unicam genuit filiam, Eliſabeth ſeu Iſabellam : quæ nupta Comiti Clevenſi Theoderico, dicto de *Dinſlaken*, qui patre ſuperſtite deceſsit, duas peperit filias; Machtildem, Dominam de *Durbio*, uxorem Domini Gerardi de *Luccelburg*; & aliam, Domini Gerlaci de *Yſenburg* uxorem. Dux igitur Henricus, poſtquam Ducatum tenuerat annis XLV, mortuus eſt anno Domini MCCXXXV. Cujus filius primogenitus Henricus, in Ducatu ſuccedens, uxorem duxit Mariam, filiam Ducis *Sueviæ* Philippi, ac Regis Alemanniæ Henrici Imperatoris Germani; qui de uxore ſua, Imperatoris Conſtantinopolitani filia, tres genuerat filias; hanc ſcilicet *Mariam*, & alias duas; quarum una Regi nupſit *Bohemiæ*, & altera Regi *Hiſpaniæ*. Ex dicta ergo Maria Dux Henricus unum genuit filium Henricum, & quatuor filias. Quarum primogenita Maria, Comiti nupſit *Atrebatenſi*, Roberto Regis Francorum Ludovici germano: quo defuncto, nupſit Comiti de *S. Paulo* & cetera. Secunda filia Ducis Henrici, Beatrix nomine, primo nupſit *Lantgravio Thuringiæ* Henrico : quo defuncto iterum nupſit Guilelmo primogenito *Flandriæ*. Tertiam habuit Dux *Bawariæ*. Et quarta monialis facta eſt in *Valle-ducis*. Mortuaque Duciſſa Maria, Dux Henricus ſecundam duxit uxorem, Lantgravii Thuringiæ filiam, ex S. Eliſabeth natam; ex qua filium genuit nomine Henricum. Dicto igitur Duce Henrico mortuo, ſucceſſit Henricus filius ejus; qui Alaydam, filiam Hugonis Ducis Burgundiæ, duxit uxorem ; ex qua Joannem genuit ſupradictum. Comitis Roberti de *Dreuwes* filius primogenitus Joannes, uxorem duxit filiam Domini Archenbaldi de *Borbon*; ex qua unum genuit filium & unam filiam. Filius, nomine Robertus, uxorem duxit hæredem Comitatus de *Monte-forti* ; ex qua liberos procuravit. Filia vero Domino de *Creon* nupſit : quo defuncto ſine hærede, iterato nupſit Comiti de *Dammartino*.

*Dynxlaken* caſtrum non procul à dextera ripa Rheni in Ducatu Cliviæ.

De *Durbio*, ſupra cap. 1.

*Yſenburg*, *Iſenbourg* ad fluvium *Seyn*, qui ſe exonerat in Rhenum prope *Confluentiam*.

Annis XLV] Haræo 49.

*Arteſiæ*.
*S. Paul* in Arteſia.

Monaſterium Ord. Ciſt. duobus à Lovanio milliaribus ſitum, quod à patre ejus conditum 1235 Vallis-Ducis appellatur, & alio nomine Parcum Dominarum, cujuſque illa monialis, nuncupata *Margareta* prima Abbatiſſa: viſiturque etiam num. inibi ejus ſepultura.

*Dreux*.
Borbonium Archimbaldi, vulgò *Bourbon l'Archambauld*, 4 leucis à Molino.

*Creon*] nunc *Creon*, ubercula in Andegavia, Cratumnum & Credonium Latine.

*Dammartin*] in finibus *Valeſii* & *Inſulæ Franciæ*, Pariſios inter & Meldas.

---

## NOTATIONES.

*Comiti Barrenſi*] Andreas *du Cheſne* omnium optimè ſcripſit Hiſtoriam Comitum & Ducum *Barrenſium*. Is itaque ſcriptor in præfatione ſua orditur his verbis : *La Maiſon des* COMTES *&* DUCS *de* BAR *a eſté autrefois treſcelebre & puiſſante, & alliée aux plus grandes & illuſtres familles de* FRANCE, *entre leſ-*

*lesquelles on remarque principalement celle de* DREUX, *comme estant une Brance de la Royale. Elle print sa denomination du chasteau de* BAR, *lequel* FREDERIC *Comte, depuis Duc de Lorraine, fist bastir l'an* 951 *sur la frontiere du Royaume. A raison de quoy il fut surnommé* BAR-LE-DUC, *pour le distinguer d'avec,* Bar *sur Aube, &* Bar *sur Seine, qui sont deux autres anciennes places de Champagne. Le lieu auquel* FREDERIC *l'edifia s'appelloit auparavant* BANIS.

XXI

Floruit an. 1242.

Filia Comitis Britaniæ dicti *Mauclerc*, maritata est Domino Hugoni *Bruno*, Comiti de *Marcia* in Pictavia; plures ei peperit filios & filias. Primogenitus, nomine Hugo, patri successit in Comitatu. Filiarum una nupsit Domino de *Bella-villa*; altera Comiti de *Glocestre*.

### NOTATIONES.

*Marcia*] Marchia, *la Marche*, provincia Galliæ in Aquitania quæ terminatur ab ortu Alvernia, ab occasu Pictavensi provincia sub qua etiam aliquando censetur.

*Glocestre*] Glocestriensis Comitatus à Glocestria Angliæ urbe sic dictus, ad Sabrinam amnem, habet ab oriente Oxoniensem Comitatum.

BELLA-VILLA] *Belle-ville* opidum Galliæ cum Abbatia ad Aararim amnem, in provincia Bellojocensi.

XXII

*Dreuwes, Dreux* Insulæ Franciæ opidum.

*Nesle* Picardiæ opidum.

Frater autem dicti Joannis de *Dreuwes*, Robertus nomine, filiam habuit, quam Dominus Radulphus de *Nigella* duxit postmodum in uxorem.

### NOTATIONES.

*Filiam*] vocabatur *Alix*, de qua legimus apud *du Chesne* in Prob. ad lib. II hist, Domus Drocensis pag. 308 : verba ista, desumpta ex libro cui titulus Lignage de Dreux & Coucy. ROBERT *ot à femme la Vicomtesse de Chasteaudun, dont elle ot une fille, qui avoit nom* ALIX DE DREUX, *& fut hoir de la Vicomté de Chasteaudun de par sa mere. Et ot à mary Monsieur Raoul Sieur de* NEELE *& Connestable de France. Lequel Raoul mourut en la bataille de Courtray.*

XXIII

Petrus *Mauclerc* floruit anno MCCXXXVII.

DREUWES, *Dreux*

*Iean sanrerre*, floruit an. MC.XC.

De Petro dicto *Mauclerc*, fratre Roberti de *Dreuwes* junioris, sciendum, quod uxorem duxit Aëndem, *Britanniæ* Comitissam; cujus avus, Britaniæ Comes *Conanus*, agnomine *Grossus*, filiam unam habuit, nomine Constantiam; quæ nupsit fratri Regis Angliæ Richardi Joffrido; & peperit ei filium, nomine Arturum; & filiam, nomine Alienordem. Mortuo autem Rege Richardo, devolutum est Regnum ad hunc *Joffridum* : qui antequam homagia Regni reciperet; mortuus est; & *Joannes sine terra*, frater ejus junior, regnum accepit; Arturum nepotem suum postea

postea submergi procurans, neptemque suam *Alienordem* in captivitate detinens, à qua numquam evasit. Mortuo igitur Joffrido, Arturi patre; Comitissa Constantia Comiti *Andogaviæ* nupsit Almarico, qui ex ea filiam hanc Aleydem generavit. Hæc ergo Comitatum retinens, nupsit Petro *Mauclerc*; qui filium unum ex ea genuit & filiam. Filius, nomine Joannes, in Comitatu succedens, ex uxore sua, Regis *Navariæ* & *Campaniæ* Comitis Theobaldi filia, duos filios genuit & unam filiam. Primogenitus, nomine Joannes, uxorem ducens filiam Regis *Angliæ* Henrici, plures liberos ex ea genuit. Secundus, nomine Petrus, juvenis Miles mortuus est, & apud Fratres Minores *Parisius* sepultus. Filia vero nomine Aëlidis, Joanni nupta Comiti *Carnotensi* ac *Blesensi*, de *Avennes* Domino, unicam ei peperit filiam Joannam; quæ nupta Comiti *Alentionis* Petro, germano Regis Francorum Philippi, sine liberis decessit.

*Angers,* Andegavum.

*Naverra. Champagne.*

PARISIUS] medii ævi scriptores.

*Chartres,* Carnutum.

Blois, Blesæ.

---

### NOTATIONES.

ALENTIONIS] *Alençon,* urbs Galliæ in Normandiæ Ducatu, ad Sartam fluvium, in actis mediæ ætatis, *Alentio* dicta, quæ à posterioribus dicitur *Alenconium.*

---

## XXIV

De progenitoribus autem dicti Comitis Blesensis Joannis, sciendum, quod Werricus *Lisors* Dominus fuit terræ de [a] *Lutosa* & partium circumjacentium: cui Comes Haynoniæ temporis illius, terram contulit quæ est inter [b] duas *Eppras,* quarum una à parte quæ circa [c] *Bewas* dirivatur, & alia à partibus quæ circa [d] *Trelon.* Quartus igitur hæres post illum, *Werricus* nomine cum barba, Dominus fuit *Lutosæ* ac etiam de *Avennes*, ubi & parvam turrim ædificavit. Et iste mansionem habebat apud [e] *Fayt* super *Epram.* Post hunc Werricum, filius ejus Theodericus in Dominio succedens, turrim apud Avennes augmentavit, & Canonicos apud *Lætias* amovit, monachos ibi ponendo. Iste Theodericus discessit sine liberis, & successit ei quidam suus nepos, Goswinus de [f] *Oysiaco,* Castellanus Cameracensis: qui uxorem habens, Agnetem nomine, filiam Anselmi Comitis de [g] *Robodimonte*, omnia sua allodia recepit in feudum à Comite *Haynoniæ* Balduino filio Richildis; & factus est unus de Paribus

a *Leuze* Hannoniæ opidum inter Condatum & Athum.

b *Duas Eppras*] nomina sunt fluviorum Hannoniæ quos ambos recipit *Sabis,* quorum unus *Lætias* & *Avennas*, alter *Maricolense* monasterium præterfluit.

c BEWAS] f. *Bauwels.*

d TRELON] pagus cum castro in Hannonia Marchionatus titulo decoratum à Philippo IV Hisp. Rege 1626.

e FAYT] *Faycateau,* vel *Fayville* loca invicem contigua ad Hepram. LÆTIAS] *Liessies* monasterium Ord. S. Bened. ad Hepram Hannoniæ fluv. f DE OYSIACO] *D'Oisy* olim celebre opidum agri Cameracensis. g *Ribemont* ad Oesiam.

Paribus Comitatus ; fecitque firmare *villam Avennensem*, contra voluntatem Comitis *Haynoniæ*: propter quod venit Comes contra ipsum cum exercitu magno, & conflictum habuit cum eo super *Sambriam*, quæ per duos dies continuata est sine victoria partis: & tandem tertia die captus est dictus Goswinus, & positus in carcere Comitis: qui per despectum sibi barbam radi fecit. Ad ultimum, facta pace, perfecit firmationem *villæ Avennensis* de voluntate Comitis. Goswinus iste primitus valde discolus fuit: sed demum in peregrinatione ivit ultra mare; & reversus, aliquantulum rationabilior & maturior, mortuus est. Et quia liberos non habebat, successit ei nepos suus ex sorore Walterus, cognomine *Plukellus*: qui ecclesiæ *Lætiensi* auferre voluit ea, quæ sui antecessores ei contulerant, & fecit eis multa mala. Secundus vero Bernardus, multum laborans pro pacificatione inter eos, pacem fecit; quæ parum duravit, quia crudelis homo fuit, & semper abstulit monachis possessiones eorum, & aliis etiam multa fecit tædia: tandem apud Montes in *Castri-loco* veniens ad placitandum contradixit hominum sententiæ: & Comite super hoc ipsum compescere volente, cum staret appodiatus super arcam quandam, subito mortuus est anno Domini MCXLVII. Cui filius ejus Nicolaus *Plukellus* succedens, Castrum ædificavit *Landerchiees*, & castrum de *Condato*: & uxorem duxit Machtildem, filiam Henrici Comitis de *Rupe* in Ardenna. Hic Henricus frater fuit Godefridi Comitis *Namurcensis*, qui pater Henrici Cæci fuit. Et illa Machtildis primo fuerat uxor Domini de *Walecourt*, valde strenui Militis. Deinde dicto Nicolao duos peperit filios, Jacobum & Fastradum; & unam filiam, nomine *Ydam*, quæ nupsit Castellano S. Audomari Wilelmo.

*Sambre*, Sabis.

An non? *qui continuatus* scilicet Conflictus.

*Château de Mons*.

*Landrecium, Landrecy* opidum Hannoniæ ad Sabim.

*La Roche*, vide supra cap. 1.

*Walecourt*, vide supra cap. 1.

*Ydam*, *supra* Mathildem.

---

### NOTATIONES.

*Lætia*] Lætiensis Ecclesiæ initia circa annum 751, debentur Wigberto Comiti & Adæ uxori ejus: quorum filia S. Hiltrudis virgo, tabulis Martyrologii Rom. 27 Septemb. adscripta, & anno 1006 è terra ab Erluino Cameracensi Episcopo levata, atque in loculo decenter posita, ibidem quiescit. Benedictinos porrò monachos, amotis clericis in dicta *Lætiensi* ecclesia *Galcherus* Cameracensis Episcopus anno Christi 1095, Pontificatus sui primo, collocavit; petente *Theoderico* Avennarum Domino, cum *Ada* ejus conjuge. Cæterum monasterii *Lætiensis* conditores habentur dictus Theodericus & uxor ejus Ada de *Roucy*, Hilduini Comitis Rociensis filia: ut Hermannus monachus

chus in Historia ecclesiæ *Laudunensis* ante annos quingentos scripta testatur; ex qua Andreas *du Chesne* in Historia genealogica Domus Castellionensis lib.2 cap.6 fragmentum genealogicum domus de *Roucy* contexuit. Abbatum Lætiensium Seriem in annum 1646 & ultra reperies apud *Vinchant*, Annalium Hannoniæ Lib.3 cap.16.

 Nicolai *Plukelli* filius primogenitus Jacobus, patri succedens in dominio terræ de *Lutosa* & de *Avennes*, per uxorem suam Adeluyam, unicam filiam Bouchardi Domini de *Guisia*, terram *Guisiæ* tenuit & de *Leskieres* ; & genuit ex illa quatuor filios, Walterum, Bouchardum, Jacobum, & Guidonem. Item quatuor filias, Machtildem, Aëlidem, Adeluyam, & Agnetam. Iste Dominus Jacobus valde strenuus erat Miles, & multum habuit agere contra plures : tandem ivit ultra mare, & interfuit obsidioni & captioni civitatis *Acconensis*, quam fecerunt Rex *Francorum* Philippus & Rex *Angliæ* Richardus : postea moratus est in *Syria* tantum, quod interfuit cuidam prælio ante castrum *Assur*, ubi fuit occisus, sed care se vendidit, quia tantum per arma fecit, quod adhuc est inde famositas in multis locis. Hujus igitur mortis audita fama, Dominus Galterus, filius ejus primogenitus, ei succedens in dominio, ex uxore sua Margareta, Comitatus *Blesensis* herede, unicam genuit filiam, nomine Mariam : deinde in peregrinatione ivit ultra mare, ubi multa bona fecit, & primum posuit lapidem in fundamento *Castri-peregrinorum*. Postea reversus ad propria, filiam suam Mariam in uxorem dedit Comiti *S.Pauli* Hugoni ; qui ex ea tres genuit liberos, Joannem, Guidonem & Galtherum. Deinde mortua Comitissa *Blesensi*, dictus Hugo Comitatum tenuit ex parte uxoris, & diu postea mortuo Domino Galthero pro filiis, qui minores erant, tenuit idem Hugo terram de *Avesnes* & de *Guisia*. Mortuo igitur dicto Hugone, successit ei suus primogenitus filius Joannes ; & postea per modicum tempus defuncta est Comitissa *Carnotensis*, quæ soror fuerat *Blesensis* Comitissæ ; & ita dictus Joannes successit etiam in Comitatu *Carnotensi*. Cujus frater Guido pro sua portione cessit Comitatus *S.Pauli* ; & hic uxorem duxit Machtildem, filiam Henrici Ducis *Brabantiæ*, relictam Comitis *Attrebatensis* Roberti ; ex qua genuit Hugonem Comitem *Blesensem*, qui nunc est, & Guidonem nunc Comitem *S.Pauli*, ac Jacobum Dominum *Lutosæ*. Galtherus, tertius filius dicti Hugonis, pro sua portione terram habuit

XXV
*Leuze.*
*Avesnes.*

*Guisia*, opidum Picardiæ cum castro ad Oësiam amnem, *Guise.*

*Jacobus*] lege elogium ejus c.1.

*Assur*] vide c.1.

*Blois.*

*S.Paul* en Artois.

*Guise.*

*Chartres* Carnutum.
*Blois.*

Nota quod tempore Hugonis Comitis Blesensis hæc fuerint scripta.

*Marginal notes (left column):*

a *Creteil*, in Bria, vel *Creſſy* ſeu *Crecy* in Picardia.
b *Traynel*.
c *Chiny*.
d *Los*.
e *Juliers, Gulick*.
f *Chiny* in agro Luxemb.
g *Blanmont*, in Lotharingia.
h *Bar le Duc*.
i *Salma*.
k *Chalons* ſur Marne.
l *Fauquemont* Falcoburgum, *Valkenburg*, opidum nobis Brabantis Tranſmoſanum cum arce vetuſta, & ampla ditione.
m *Kievrain* ſeu *Quievruin* Hannoniæ pagus.
n DE ASPROMONTE d'*Aſpremont* in Lotharingia.
o *Agimont*] olim caſtrum præclarum ad ſiniſtram Moſæ ripam prope *Carolomontium* nunc exciſum.
p *Givet* olim Burgus nunc opidum munitiſſimum, ad ſiniſtram Moſæ ripam prope *Agimont*.
q RETEST, *Retel*. vide cap. 15.
r *Traſignies* ad Pietonem Caſtrum vetus, vide Topographiam hiſtoricam Gallo-Brabantiæ.
s *Couci* vide ſupra cap. 16.
t *Montmorency* in Provincia Inſulæ Franciæ. Vide Andream *du Cheſne* qui ſcripſit Hiſtoriam genealogicam gentis *Montmorency*.
v Contigit 5 Apr. anno M.CCL. quando S. Ludovicus captus cum duobus ſuis fratribus Alphonſo Pictavienſi, & Carolo Andegavenſi.

*Main text:*

habuit de ªCrethiaco; qui ex uxore ſua, filia Domini ᵇ Triangulenſis, unicum genuit filium Galtherum. Filiarum vero dicti Domini Jacobi de *Aveſnes* primogenita, Comiti de ᶜ *Ciſneio* marito ſuo tres peperit filias. Quarum primogenita Joanna, Comiti ᵈ *Loſenſi* Arnulfo marito ſuo quatuor peperit filios & duas filias. Horum primogenitus, nomine Joannes, patri ſuccedens in Comitatu *Loſenſi*, ex uxore, filia Comitis ᵉ *Juliacenſis*, unicum genuit filium, Arnulphum nomine. Secundus, nomine Ludovicus, in Comitatu ſuccedens de ᶠ *Chini* poſt matrem, uxorem duxit Dominam de ᵍ *Albo-monte*, germanam Comitis ʰ *Barrenſis* Theobaldi, relictam Domini Henrici de ⁱ *Salmis*. Tertius, nomine Henricus, factus Clericus, mortuus eſt juvenis. Quarti nomen Gerardus. Et præter hos erat quintus Arnulphus, qui ſimiliter Clericus fuit & Epiſcopus ᵏ *Cathalaunenſis*. Filiarum vero dicti Arnulphi Comitis *Loſenſis* una, Domino de ˡ *Fauquemont* nupta, plures ei peperit filias; & illo mortuo, iterum maritata eſt Domino de *Vorne* in Zelandia. Secunda filia, nomine Juliana, Domino de ᵐ *Kieverain* nupta, duas peperit ei filias; quæ duobus filiis Domini ⁿ de *Aſpromonte* maritatæ ſunt. Secunda filia Comitis de *Chini* & Machtildis filiæ Jacobi *Aveſnenſis*, ipſa Domina de ᵒ *Agimont* & de ᵖ *Givet*, qui Domino Joanni de ᑫ *Reteſt* Hugoni in Comitatu ſucceſſit, unam peperit filiam, quæ juvenis mortua eſt. Tertia filia Comitis de *Chini* ac dictæ Machtildis, Domino Oſtoni de ʳ *Traſegnies* maritata, plures ei peperit filios & filias. Poſt mortem vero dicti Comitis de *Chini*, dicta Machtildis ſecundo maritata, Domino Nicolao de *Rummengni* tres peperit filios, Nicolaum, Hugonem, & Jacobum, de quibus dictum eſt prius. Aëlydis, ſecunda filia Domini Jacobi de *Aveſnes*, maritata Domino Rogero de *Roſoy*, unum peperit ei filium & quatuor filias. Filius, nomine Rogerus, patri ſuccedens, uxorem duxit, primo filiam Domini Roberti de ˢ*Couchi*; qua mortua, ſecundam duxit, filiam Domini de *Hensberghe* in Alemania; & hac ſimiliter mortua, tertiam duxit, filiam Domini de ᵗ *Montmorenchi* in Francia; ex harum nulla liberos habens: ſed demum cum Rege Francorum Ludovico transfretavit, & mortuus eſt ᵛ *in prælio ubi captus fuit Rex Ludovicus*. Hujus Rogeri ſoror primogenita, nomine Aëlidis, Domino Arnulpho de *Audenarde*,

*narde* maritata, unum peperit filium & unam filiam. Filius, nomine Joannes, ex uxore sua, filia Joannis Comitis *Suessionensis*, filii Radulphi Comitis, unam genuit filiam; quam Godefridus, Dominus de *Peruwes* in Brabantia, duxit in uxorem; sed prolem ei non peperit. Dictus autem Joannes de *Audenarde*, mortua uxore prima, secundam duxit, sororem Domini Roberti de *Crisekes*, relictam Vice-domini de *Pinkengni*, ex qua plures genuit filios & filias. Quorum primogenitus, Arnulphus nomine, uxorem duxit Dominam de *Seburgo*, relictam Domini Balduini de *Hennin* : qua defuncta, aliam duxit, sororem Domini Radulphi *Flamenc* de *Kauni*. Secundi filii nomen Joannes, tertii Robertus. Filiarum una maritata est Godefrido Comiti de *Vienna* in Ardennia; altera Domino Waltero de *Tuppengni*. Soror vero dicti Domini Joannis de *Audenarde*, nupsit Domino Godefrido de *Lovanio*, fratri Ducis Brabantiæ Henrici, in Monasterio *Villariensi* sepulti, cui peperit quatuor filios & unam filiam. Primogenitus, nomine Henricus, uxorem duxit Isabellam, filiam Domini Theoderici de *Bevre*. Secundus, nomine Arnulphus, uxorem duxit hæredem terræ de *Breda*, ex qua liberos non habuit. Reliqui duo fratres Clerici. Secunda filia Domini Rogeri de *Rosoit* ac Dominæ Alidis, filiæ Domini Jacobi de *Avesnes*, Juliana nomine, Domino Gobberto de *Aspero-monte* maritata, quatuor peperit filios & duas filias. Quorum primogenitus Joffridus, Comitissam *Salebruges* habens uxorem, sine liberis decessit. Cui frater ejus Gobbertus succedens, ex uxore sua Agnete, filia Domini Thomę de *Couchi*, duos genuit filios & duas filias. Nomen primogeniti Joffridus, & alterius Thomas. Hii duo duas sorores, filias Domini Nicolai de *Kieveran* duxerunt in uxores. Filiarum Domini Gobberti primogenita, nomine Joanna, Comiti de *Salebrugis* maritata est. Tertius filius Domini Gobberti de *Aspero-monte*, nomine Joannes, Clericus est & Præpositus *Montis-Falconis*. Quartus, nomine Guido, mortuus est Miles juvenis in *Tunisio*, cum Rege Francorum. De filiabus una religionem ingressa est; & aliæ maritatę in Alemannia. Tertia filia Domini Rogeri de *Rosoic*, nomine Clementia, nupta Comiti de *Salmis* in Ardenna, unum peperit ei filium & unam filiam. Filius nomine Guilelmus, filiam Comitis *Juliacensis* Wilelmi duxit uxorem.

*Sebourg*, vide historiam Terræ & Vicecomitatus *Sebourgi* autore Petro le Boucq.

*Kauni*, forsan *Canni*.

*Viennensium* Comitum stemma accurate scripsit Alexander Wilthemius in vita V. Yolandæ.

*Tupigny*.

*Villarium*, *Villers* Ord. Cist. monasterium in Gallo-Brabantia.

*Breda*, nunc munitissimum Brabantiæ opidum ad Marcam fluvium.

*D'Aspremont*.

SALEBRUGES] *Salesbury*, *Sarisburia* urbs Angliæ in Viltonia.

*Coucy*.

*Quievraing*.

*Montis-falconis* Campaniæ opidum *Mont-saucon*.

Obiit S. Ludovicus Francorum Rex in Africa 25 Aug. an. MCCLXX.

In Tunisio] *Thunis* Tunetum.

*Rosoy*] in Picardia vel Bria.

rem. Et filia Comitis de *Salmis*, nupsit Domino de *Aysté*, qui mortuus est ante patrem : ex dicta tamen uxore sua filium habuit, nomine Robertum : sed terra devoluta est ad ejus patruum, Dominum Jostridum. Quarta filia dicti Domini Rogeri de *Rosoit*, Abbatissa fuit apud monasterium in *Theoracia*.

## NOTATIONES.

*Comiti de Salmis*] Salmensium Comitum familia non solum in Ardenna sed in Palatinatus, Lotharingiæ, & Trevirensis diœceseos confiniis à pluribus floret sæculis, uno eorum ramo in Principum evecto gradum, de his lege Richerium in Historia Monasterii Senoniensis cap. CI & seq. ubi habentur verba hæc : *A Comite* HENRICO, *qui dictus est de* SALMIS, *& contemporaneus noster fuit, qui tempore Henrici Abbatis, de quo supra diximus, tallias & exactiones in hominibus Ecclesiæ plus solito, de permissione tamen ipsius Abbatis Henrici, exercebat. Cujus tempore castellum in* Brustavalle *, in fundo hujus Ecclesiæ, quod* Salmis *dicitur, tempore dicti Abbatis, constructum est. Quod nomen a quodam castro, quod in territorio Ardennæ situm est, unde idem Comes & sui Prædecessores orti sunt, accepit. Hic uxorem sortitus est, scilicet sororem* FRIDERICI *Ducis Lotharingiæ, de qua genuit duos filios, primogenitum scilicet* HENRICUM *nomine & alium Fridericum. Cum igitur dictus* HENRICUS *ad ætatem perfectam pervenisset, accepit sibi uxorem de stirpe Comitis* BARRENSIS &c. Ex his manifestum est, quod Comites *Salmenses* in Lotharingia procedant ab Ardennatibus. Vide præterea Philippum Jacobum Spenerum in historia Insignium illustrium lib. I cap. LXXXVI pag. 306 editionis Francofurtensis anni 1680.

**XXVI**

*Angia, vulgo Enghien Hannoniæ opidum, Dominorum seriem reperies apud Vinchant, Annalium Hannoniæ lib. 4 cap. XXII. Sotteghem in agro Alostano. Puto designari Peruwes circa Condatum Hannoniæ opidum. Reistensis, Retel. Weruino, lege Vervino. Vervins. Lens vide supra cap. X. Joannes Angianus, 70 Episc. Leod. successit Henrico Geldrensi ob crimina depositio, à quo Hugardis circumventus, anno Pontificatus sui VII tragica morte periit A. D. M.CC.LXXXV. vide Hoxhemium.*

Tertia autem filia Domini Jacobi de Avesnes, Aleluya, nupsit Domino de *Eingheen* Engelberto, cui unum peperit filium & duas filias. Filius, nomine Sigerus, ex uxore sua, filia Domini de *Jottenghen*, sex genuit filios & quatuor filias. Quorum primogenitus, nomine Walterus, primo duxit uxorem, Domini Joannis de *Barbenchon* Machtildem, quæ sine prole decessit. Similiter & secunda uxor, filia Domini Ingelrami de *Peruwes* : deinde filiam Comitis *Reistensis* Manasserii Mariam duxit, ex qua unicum genuit filium Walterum, qui patri successit. Secundus filius Domini Sigeri de *Eingheen* Gerardus, ex filia Domini Gerardi de *Viane* juxta Gramont, unum genuit filium & duas filias. Filius nomine Gerardus, patri succedens, filiam duxit Castellani Gandavensis. Primogenita Domini Gerardi de *Sottengheen* nupsit Domino Thomæ de *Couchi*, Domino de *Weruino*. Secunda filia, Joanni filio Domini Eustacii de *Lens*. Tertius filius Domini Sigeri de *Eingheen*, Joannes Episcopus Tornacensis & postea Leodiensis, per translationem factam in

Con-

Confilio Lugdunenfi anno Domini MCCLXXIIII. Quartus filius Domini Sigeri Iacobus, ex filia Domini Walteri de *Brainne*, filium genuit Walterum; qui poftea duxit uxorem Bafiliam, filiam Domini Balduini de *Heanin*, quam genuit ex Domina *Seburga*. Quintus filius dicti Sigeri Arnulphus, uxorem duxit filiam Domini Gerardi de *Tyans*. Sextus quoque, Engelbertus nomine, uxorem duxit Caftellanam de *Montibus*, ex qua plures genuit liberos. Filiarum dicti Domini Sigeri una, Domino Egidio de *Trafengnies* maritata, unicam peperit filiam, quam duxit Euftachius, dictus *Kanivet de Rodio*. Secundam duxit Dominus de *Liedeker-ke*, Dominus Raflo de *Gavre*, qui plures ex ea genuit liberos. Quorum primogenitus Raflo, uxorem duxit Henrici de *Boulers* juxta *Grammont*. Tertia filia dicti Sigeri, Abbatifa fuit apud *Ghilengheen*. Sorores vero dicti Sigiberti de *Einghen* una, nomine Adeluya, Domino Waltero *Bertolt* Advocato Machlinienfi maritata, peperit alium Walterum *Bertolt*, & fratres Henricum & alios, ac forores eorum. Et hic Walterus *Bertolt*, ex Maria filia Comitis *Averniæ* Wilelmi, filios genuit & filias. Quorum primogenitus Walterus, Aëlidem filiam Comitis de *Ghines* uxorem duxit. Henricus vero Bertoldus filiam Caftellani Montenfis uxorem duxit. Alia quoque foror Domini Sigeri de *Einghen* duxit Domino Evrardo *Radoul*, Domino de *Mortania*; cui peperit filium Arnulphum, de quo dictum eft. Quarta filia Domini Jacobi de *Avefnes* nupfit Comiti de *Grandiprato*, cui peperit duos filios & duas filias, quæ fine liberis decefferunt. Primogenitus horum filiorum Jacobus, patri fucceffit in terra de *Hans* in Campania, non eft in Comitatu, quia ex prima uxore fua unicum genuerat filium, Henricum nomine, qui patri fucceffit in Comitatu. Alius frater Joffridus, nomine Clericus, factus eft Epifcopus *Cathalaunenfis*. Et dictus Jacobus ex uxore fua, filia Domini Nicolai de *Barbenchon*, duos genuit filios, Henricum & Jacobum. Secunda filia Domini Radulphi de *Couchi*, ex uxore fua Agnete, filia Comitis Haynoniæ Balduini hujus nominis tertii, poft Richildim, primo nupfit Comiti de *Reufsi* Radulpho, qui fine liberis deceffit: poft cujus deceffum maritata eft Comiti de *Grandi-prato* Henrico, qui ex ea genuit unum filium & unam filiam. Filius, Henricus no-

a *Brania*, vide fupra cap. XVI.
b *Hennin Lietart*.
c *Sebourg* vide c. præcedenti.
d *Thiant*, olim *Thiens, Thens* pagus v Leucis à Cameraco.
e *Kanivet de Rodio*, *Reux*, vide Carpentier, de l'état de la Nobleffe du Cambrefis Part. 3 p. 357.
f *Liedekerke* paguscum Caftro ad Teneram amnē, in Comitatu Flandriæ inter Niniviam & Aloftum, vide Not. Eccleſ. cap. 223.
g *Gavre*, Caftrum ad Schaldim amnem, inter Aldenardam & Gandavum in Comitatu Flandriæ.
h *Boulers*] vide fupra cap. x.
i *Grammont*, Gerardi-mons Flandriæ opidum.
k *Ghilengheen*] Gillengemium, monafteriū Ord. S. Benedicti in Hannonia.
l *Ghines*] Gifnæ, hiftoriam Comitum Gifnenfium fcripfit Andreas du Chefne, vide quoque Miræum Not. cap. CXL.
m *Hans*] Hamum Picardiæ opidum, *Ham* ad Somonam fluvium.
n Chalons fur Marne.

*Barbanzon*.
o *Coucy*.

p *Roucy*.
q *Grandpré*.

## Chronicon sive Hist. Genealogica

nomine, patri successit in Comitatu: filia Comiti nupsit *Suessionensi* Radulpho, cui duos peperit filios & filiam unam. Primogenitus, Joannes nomine, filiam unicam Domini Alardi de *Cysmajo* in Haynonia, hęredem illius terrę, duxit in uxorem: ex qua duos genuit filios & filias tres. Quorum primogenitus Joannes, patri successit in Comitatu. Secundus, nomine Radulphus, Miles juvenis mortuus est in *Tunis* cum Rege Francorum. Et Joannes uxorem duxit Margaretam, filiam Comitis de *Monte-forti*; ex qua tres genuit filios & unam filiam. Quorum primogenitus Ioannes, uxorem duxit filiam Domini Hugoni de *Rummengni*, ex qua unum genuit filium. Nomina fratrum dicti Ioannis, Radulphus & Antherus, qui Clericus factus est. Soror eorum maritata est Domino Hugoni de *Scouflans*, Domino de *Maruel*. Trium filiarum supradicti Ioannis *Suessionensis* Comitis primogenita, nomine Aelidis, maritata est Domino Ioanni de *Audenarde*; cui unam peperit filiam, Domino Godefrido de *Peruwes* postea maritatam: quo sine liberis defuncto, maritata est Domino Ioanni de *Falem*, cui duas peperit filias. Secunda filia supradicti Comitis, Yolendis nomine, Domino Hugoni de *Rummengni* nupta, sine liberis decessit. Tertia dicti Comitis filia, nomine Alienordis, Vice-comiti de *Toart* unum peperit, Hugonem nomine, & unam filiam. Frater autem ejusdem Comitis *Suessionensis* supradicti, Radulphus, Miles strenuus & famosus, mare transivit; & antequam reverteretur, uxorem duxit Reginam *Cypri*, filiam Henrici Regis *Acconensis*, relictam Regis *Cypri*, qui ex ipsa liberos genuerat: & per hanc dictus Dominus Radulphus gubernationem tenebat regni *Cypri*, ac etiam regni *Jerosolymitani*. Post hujus igitur Reginæ obitum, dictus Dominus Radulphus aliam duxit uxorem, filiam Domini Joannis de *Hangest*; ex qua filiam genuit, hæredem terræ suæ: & hæc maritata est Domino Bernardo de *Marolio*. Una sororum Domini Radulphi ac Joannis Suessionensis supradicti, nomine Isabella, nupta Domino Nicolao, Domino de *Barbenchon* post patrem, duos ei peperit filios & plures filias. Quorum primogenitus, nomine Ioannes, patri succedens, ex uxore sua, filia Domini Hugonis de *Antoing* Maria, plures genuit filios, Ioannem, Hugonem, Egidium Clericum, Nicolaum

Cle-

---

*Soissons.*

*Chimay.*

*Tunetum.* vide capite præcedenti. *Montfort.*

*Rumigny.*

Lege *Conflans.*

F. *Falais.*

*Toart*] Thoars, Thovars, Duracium urbs Franciæ in Pictavensi provincia ad amnem Tove.

*Hangest* vicus & familia in Picardia.

De *Marolio, Moreul.*

*Barbanzon.*

*Antoing* præclarum dominium ad dexteram ripam Schal-

Clericum, Radulphum qui fuit Clericus ; Alardum, Michaelem, & Ioannem primum : adhuc & septem filias : quarum primogenita nupsit Domino Roberto de *Ascha*. Dicti vero Domini Ioannis de *Barbenchon* frater, nomine Nicolaus, uxorem duxit Idam, germanam fratris sui. Sororum dicti Ioannis & Nicolai primogenita Machtildis, Domino Waltero de *Einghen* nupta, sine liberis decessit. Secunda, nomine Yolendis, Domino Hugoni de *Hernes* duos peperit filios, Hugonem & Michaelem. Et tertia, Domino Arnulpho de *Steyve* est maritata. Filius Comitis de *Grandiprato* Henricus, ex uxore sua, filia Domini Erardi de *Rameru*, unum genuit filium Henricum, qui successit in Comitatu. Tertia filia Domini Radulphi de *Couchi*, Alda nomine, Domino Theoderico de *Bevre* duos peperit filios ; Theodericum, qui patri successit, & Wilelmum ac tres filias. Quarum una Domino de *Gribergis* Gerardo unicam peperit filiam, quam duxit Dominus de *Peruwes* Godefridus. Secunda Domino de *Hondescote* Wilelmo plures peperit filios, quorum primogenitus nomine Petrus patri successit. Et tertia filia, Domino de *Montthablon* Goberto unum peperit filium, qui patri successit, Gobertum nomine, & filiam unam.

*Schaldis* prope Tornacum; reperies Toparcharum seriem apud *Vinchant* lib. IV c. VII Annal. Hann. & Carpentier in Hist. Camerac.
*Ascha* Brabantiæ pagus inter Bruxellas & Aloftum.

*Harnes*.

*Steyve* forsan *Steyne*.

L. *Grimbergis*.

*Hondefcote* Flandriæ opidum, *Hondtfchoten*.

---

### NOTATIONES.

BEVERE] Beverna, *Beveren*, Dynastia celebris in Flandriæ Comitatu, ad Schaldim amnem, validissima olim instructa arce, civilis belli Belgici malis excisa, semperque ab illustribus Toparchis possessa; attinetque nunc ad Arschoti & Arenberghæ Ducem. De *Alda* autem, quæ in Textu memoratur nupsitque *Theoderico Beveræ* Domino, leguntur in libro anno MCCCIII conscripto, cui titulus *Lignage de Dreux & Coucy*, verba hæc : *La tierce fille Monsieur* RAOUL DE COUCY *ot nom* ADDE, *& fut mariée au Sieur de* BEVERES *en* FLANDRES, *qui ot de luy deux fils, & trois filles* &c.

Montthablon] Duchesneo *Montchablon* aut *Montchallon*, quod asserit feudalitio jure teneri ab Episcopo Laudunensi, proditque Toparcharum seriem ab anno MCLX in historia genealogica domus de *Chastillon*. Lib. XII, cap. XXVII, pag. 717.

Tertia filia Balduini Comitis Haynoniæ, hujus nominis tertii post Richildim, Laurentia nomine, nupsit Theoderico Domino de [a] *Aloft* & de [b] *Wasia*, qui filius fuit Domini Yvonis de *Gandavo* & Dominæ Lorettæ uxoris suæ. Quo Theoderico sine liberis defuncto, dicta

XXVII

[a] *Aloftum* Flandriæ opidum ad Teneram fluvium inter Bruxellas & Gandavum.

Lau-

Laurentia in Haynoniam reversa ad patrem: quo mortuo, maritavit eam frater suus Domino Bouchardo de *Montmorenchi*, qui ex ea unum genuit filium nomine Mathæum, quem ejus avunculus Comes Balduinus Militem fecit. Prædictus igitur Balduinus, hujus nominis tertius post Richildim, guerram habuit cum Comite Flandriæ Theodorico, qui contra Balduinum turrim quandam obtinuit in Ostrovanco nomine ᶜ *Rovecort*,& eam munierat: sed dictus Comes Balduinus per insidias [ejecit] illos de munitione ac devicit, & ibi mortuus est. Dominus Rasso de *Gavre*, qui relictam Domini Egidii de ᵈ *Chijn* uxorem habuerat, dominam Domitionem de ᵉ *Cyrve*. Hujus ergo Rassonis filius fuit Rasso; & filia, quam Eustachius ᶠ de *Rodio* cognomine *Li valles*,in uxorem duxit.

b *Wasia* tractus Flandriæ ad Schaldim, Gandavum inter & Antverpiam.
Eadem scribit Jacobus Guisius Tom. III lib. XVII cap. I Annalium Hannoniæ, præterquam, quod Theodoricum vocet *Comitem de Alost & de Waises*.
c *Rovecort*, nunc *Roacourt* inter Arleux & Pequencourt.
d *Chin* familia & Toparchia Hannu.
e *Cyrve* Hannon. oppidum *Chievres*.
f De *Rodio* de *Reux*.

## NOTATIONES.

*Eustathius de* Rodio *cognomine* Li Valles] Le valet, nomen nunc vile & calonibus proprium, olim dignitatis fuit, cum Historicus Franciæ vocet Augusti filium Le *Vaslet de Constantinople*. Huc facit quod scribit Joannes Carpentier Parte III Historiæ Cameracensis cap. VII pag. 39 & seq. Inquiens, *En la continuation Françoise de l'Histoire de la Terre-Sainte escrite en Latin par Guillaume Archevesque de Sur, il y est parlé sur la fin du XXIII livre, du mariage de la fille de Iean de Brienne Roy de Ierusalem avec le Vaslet, qui devoit être Empereur. Ou par le terme de Vaslet, est designé le jeune Baudoüin de Courtenay, qui succeda depuis en l'Empire de Constantinople à Robert de Courtenay son frere. Et paulo post idem scriptor prosequens ait, si vous ne me croyez pas, passez jusques à Paris; & vous y remarquerez dans un Charte du Thresor du Roy de l'an 1281 que Guillaume Turpin Valet, est nommé Fils de Herbert Turpin Chevalier. Vne autre de l'an 1283 fait mention de Guy de Montleon* Vaslet, *fils de Guy de Montleon Chevalier. Par une autre de l'an 1316 le Roy Philippes le Long, appelle Guillaume Aiscelin, Seigneur de Montaigu en Auvergne, Chevalier, & Gilles son fils Valet. Le sieur du Tillet remarque aussi que Guy de Lezignem Seigneur d'Archiac, Guillaume Maigno Seigneur de Surgeres, & autres personnes tres-nobles se sont qualifiez* Valets.

Denique ex eodem scriptore dabimus exemplar aliud ad majorem intelligentiam nominis *Valet*. Is enim ait loco supra citato, *Wilhardoüin Mareschal de Champagne & de Romanie rapporte pareillement en son Histoire de la conqueste de Constantinople, que li Dux de Venise & li Marchis de Monferrat entrerent en une Galie, & mistrent avec als Alexis le fils de l'Empereur Sursac.* Ensi *s'en allerent rez à rez des murs de Constantinople, & monstrerent al peuple des Grecs li* Valet : *C'est à dire le jeune Prince Alexis qui devoit être leur Seigneur.* Ex quibus patet priscis temporibus nomen Li *Vaslet*, significasse in Principum filiis, quod hac ætate *l'Infante* in Hispania, in Gallia *le Dauphin*. Cum huc usque scripsissem comperio in Glossario Caroli du Fresne ad Scriptores mediæ & infimæ Latinitatis, exactam explicationem verbi *Valeti* seu *Vasletti*, quem consule colomna 1244.

De *Sur*, lege *Tyr*.

*Lusignan*.

Lege *Ville-hardouin* Villa-Harduinus.

Intellige *Isaac*.

Dictus Balduinus Comes hujus nominis tertius post Ri-  XXVIII
childim, a *Binchium* instauravit & vallavit muro. Similiter,    a *Binche.*
& b castrum apud *Mons*, c *Quercetum* ædificavit, & castrum    b Castrum apud
firmavit muris & fossatis. Turrim quoque apud *Bouchain*    *Moni*, intellige castrum Bellimontis, *Beaumont.*
incepit, & d Aulam apud Valenchenas fecit; juxta Scal-    c Quercetum, *Quesnoy.*
dim e *Raimes* ædificavit & turrim, & acquisivit *Aat* in    d Aulam apud Valenchenas]
Brabantia à Domino Egidio de *Trasengnies*, & castrum    La Salè le Comte à Valenciennes.
ædificare incepit; quod Dominus Rasso filius Domini    e Raimes] *latour de Raismes*, turris
Rassonis de *Gavre* ac Domina f :Domitione de *Cyrve* ca-    pro castro, inter
lumpniati sunt. Unde, ad impediendum opus illud, accessit    Valencenas & Condatum.
illuc Dominus Rasso cum magna potentia hominum, &    f Domitione de
hoc de consilio Comitis Flandriæ Philippi. Quo comper-    Cyrve] *Domnison de Chievre.*
to, Dominus Comes Balduinus cum magna potentia venit    Consule supra c. XV.
apud g *Bliki*, & ibi moratus est usque ad operis com-    g *Blicquy* pagus
plementum. Postmodum dictus Balduinus ecclesiæ Mon-    medius inter Athum & Lutosam.
tensi acquisivit h *Brainne le Wihote*, faciens ibi turrim:    h *Brainne le Wihote* nunc Brania
sed decimas ibi retinuit Ecclesia & census ac oblationes.    Comitis.
Fuerat autem dicta terra Henrici de i *Brainne* senioris. Do-    i *Brainne le Comte.*
mino de k *Osmajo*, qui propter aliquas terras residentiam    k De Oismajo, forte de Gismajo, *Chimay.*
continuam facere tenebatur l apud *Mons*. A prædicto    
Balduino tertio recepit in augmentum feudi parati *Cysma-*    l Apud *Mons*, credo ab autore designari *Beaumont.*
*jum*, & omnia allodia sua & feudales terras ac homines
de Villa *Cysmaji*. Omnes qui xv annos transiverunt, tenentur fidelitatem facere Comiti in hunc modum; quod si
Dominus de *Cysmajo* nollet castrum reddere ad monitionem Comitis, aut si guerram vellet facere Comiti, essent
in auxilium Comitis. Item tantum fecit Comes Balduinus
erga Dominam Adam de *Walaincourt*, quod castrum de
*Perrumont* ab eo recepit in Homagium legium.    L. *Ligium.*

---

## NOTATIONES.

Aat *in Brabantia*] Brabantiæ terminos olim longè diversos fuisse abiis, quos nunc habet, ex veterum scriptis demonstrari potest. Ex quibus manifestò liquet priscis temporibus *Brabantiam* seu *Brachbantum*, Lovaniensem agrum, Bruxellensem, Nivellensem, terram Angiensem, *Athum*, vicinumque tractum usque ad Tornacum, Alostanos, Teneramundanos, partemque Gandavi comprehendisse. Hinc aliqua opida, nunc in finibus Hannoniæ consistentia, usque in hodiernum diem nomine Brabantiæ solent appellari: interque ea est *Athum*, quod Ægidius, vulgarè lingua *Gillion* seu *Gilles*, Dominus de *Trasegnies* ad bellum sacrum in Syriam profecturus, Balduino IV, Hannoniæ Comiti, vendidit: ut I. *Guisius* in Ms. Hannoniæ Chronicis quoque testatur, *Albericum* & *Avennensem* secutus.

**XXIX**

*Avesnes*] vide
Carpentier in
Hist. Camer. parte
2 pag. 387 & seq.
*Flamengerie* Toparchia in Hannonia.

*Buridan*, vide
Carpentier. Hist.
Camerac. parte 3
pag. 342.
*Wallincourt*, vide
Carpentier Hist.
Camerac. parte 3
pag. 1064.
*Rummes.*
*Barlaymont.*

*De Alneto, d'Aunoy sive Aulnoy.*

*Wasieres* Hannoniæ pagus & Toparchia.

*Le Hamaide*]
Hannoniæ pagus
prope Athum &
Toparchia,

*Flamengerie.*
*D'Authville ou d'Hauteville.*
*Hofalize* vide c. 1.

Mirowaut]
*Mirewart*, Toparchia cum veteri
arce, inter S. Hubertum & Rochefort in Ducatu Luxemburgensi.

Dicto de Domino Jacobo de *Avesnes*, ac de hiis qui ab eo processerunt; dicendum est de Domino fratre suo, qui Advocatiam de *Flammengeria* ac terram magnam circumjacentem habens in partem hæreditatis suæ, ex uxore sua duos genuit filios & unam filiam. Quorum primogenitus Dominus Nicolaus, ex sorore Balduini *Buridan* Domini de *Walaincourt*, quinque genuit filios & filias multas. Quorum primogenitus patri succedens, ex sorore Domini *Karonis* de *Rume*, unum genuit filium & duas filias: quarum primogenita, nomine Yoia, fratre mortuo juvene, patri succedens, Domino Egidio de Barlain-Mont marito suo duos genuit filios, Egidium & Joannem, & totidem filias. Filius primogenitus Egidius, de filia Domini Joannis de *Alneto* juxta Valencenas, unum genuit filium, nomine Egidium. Et hac domina mortua, secundam duxit uxorem Aldam, filiam Domini Michaelis de *Wasiers*, ex qua plures genuit filios & filias. Secunda filia dicti Fastradi secundi, nomine Aëlidis, Domino Arnulpho de *le Hamaide* duos peperit filios, Joannem & Theodericum, & unam filiam. Balduinus dicti Fastradi frater, uxorem duxit matrem Domini Egidii de *Barlainmont*; qui duxit neptem ejus, filiam Domini Fastradi fratris sui; & genuit dictus Balduinus ex uxore sua unum filium, nomine Gerardum: qui ex filia Domini de *Venduel* Melisende, unam genuit filiam, nomine Heluidim. Dictus Gerardus, dicta sua uxore mortua, ex alia uxore, nomine Yda, filia Domini de *Lamprenisse*, quatuor genuit filios, Balduinum, Gerardum, Joannem, & Nicolaum; & tres filias, Ydam, Agnetam, & Philippam. Dicto de duobus filiis Domini Nicolai de *Flammengeria*, dicendum est de filia ejus, quæ Domino Almerico *Daute-ville* duas peperit filias. Quarum una nupsit Domino Henrico de *Hufalis*, & altera Domino Wilelmo fratri suo, qui ex sua unum genuit filium nomine Wilelmum. Dominus vero Henricus ex sua quinque genuit filios & unam filiam. Quorum primogenitus Theodericus, ex Domicilla de *Rume*, unam genuit filiam. De aliis vero filiis dicti Domini Henrici de *Hufalise* tres fuerunt Clerici, & alii nondum conjugati. Et filia dicti Henrici de *Hufalise*, primo nupta Domino Henrico de *Mirowaut* in Ardenna, plures ei peperit liberos: post cujus obitum ipsam

ipsam duxit Dominus Henricus de *Belle-coste*. Alius vero fraterDomini Nicolai de *Flammengeria*, filii Domini Fastradi, Clericus fuit, & postmodum Episcopus Tornacensis.

<small>*Flamengerie* pagus Hannoniæ & Toparchia: vide supra.</small>

---

### NOTATIONES.

*Barlaymont*] Toparchia ad Sabim, numeratur inter veteres Baronias Hannoniæ: quas Aubertus Miræus censet XXII in Not. Eccl. Belg. cap.236, Enghien, Leuze, Havrech, Ligne, Antoing, Werchin, Fontaine, Hamaide, Quievrain, Berlaimont, Ville, Gomignies, Warsin, Senzelle, Condé, Hourdain, Balleul alias Belleul, Fagneule, Bousie, Roisin, Fresne, & Harchies.

Soror Domini Jacobi *de Avesnes* ac Domini Fastradi, filia scilicet Domini Nicolai *Plukelli*, nomine Yda, Castellano *S. Audomari* Domino Wilelmo quinque peperit filios & filias multas. Quorum primogenitus, Wilelmus nomine patri succedens, uxorem duxit sororem Comitis *Lossensis* Imaginam: quo sine hærede mortuo, successit ei frater suus, similiter Wilelmus nomine. Tertius filius, Galterus nomine, Clericus fuit & Præpositus ecclesiæ S. Audomari. Hic postmodum ultra mare multas fecit probitates, & tandem credens succurrere cuidam strenuo Militi, à Saracenis invaso, occisus est ibidem. Quartus nomine (*deest nomen*) uxorem duxit nomine Clementiam, sororem Comitis Renaldi de *Dommartin*, qua sine hærede defuncta, cum Comite Haynoniensi & Flandriæ Balduino ivit Constantinopolim; & ibi duxit Principissam *Achayæ* in uxorem, ex qua nullum genuit hæredem. Et quintus, nomine Nicolaus, cum aliis ivit in Græciam; & ibi duxit uxorem Reginam *Thessalonicæ*, sororem Wilelmi *de Rupe* Ducis *Athenarum*, ex qua duos genuit filios. Quorum primogenitus, nomine Bilas, fratre suo Wilelmo sine hærede defuncto, uxorem ducens Dominam *Thebarum*, tres filios ex ea genuit, Nicolaum, Ottonem, & Joannem. Hic Nicolaus patri succedens, uxorem duxit *Achayæ* Principissam.

<small>XXX
S. Omer, 1186;
vide Carpentier
in Hist. Camerac.
parte 3 pag. 842.

*De Los.*

*De la Roche.*</small>

## NOTATIONES.

*Caſtellano S. Audomari*] ex Caſtellanis Audomarenſibus oriundus fuit *Gau-fredus* de ſancto Audomaro, (quem Labbæus male *Ademarum* nuncupat) qui anno 1118 Ordinem Templariorum in Syria cum Hugone Pagano inſtituit: ut Tyrius lib.XII cap.VII tradit: de prædictis Caſtellanis vide *Miræum* in Not.Eccl. cap.CCXI,pag.613.

*Achaia*] Peloponneſi regio : Ptolomæus verò Achaiæ nomine (quoties nihil addit) latiſſimam regionem intelligit extra Peloponneſum, quæ à Plinio Hellas ſive Græcia dicitur.

*Theſſalonica*] urbs clariſſima Macedoniæ,ad ſinum Thermaicum ſita: Theſſalonicenſes Divi Pauli epiſtola notiſſimi.

*Athenarum*] Civitas Græciæ totius celeberrima, diſciplinarum omnium quondam altrix.

*Thebarum*] plures in orbe civitates dictæ Thebæ, quas omnes enumerare vanum foret, cum conjiciam ex ſupra dictis, hic deſignari Thebas in *Theſſalia*.

## XXXI

*Terouanne.*

*De Antoing* vide ſupra cap. XXV.

*D'Eſpinoy,* vide Carpentier in Hiſt. Camerac. Parte 3 pag. 543.

*Liedekerke.* vide ſupra cap. XXV.

*l. Conflans.*

*Lens* circa Cambron, inter Montes Hannoniæ & Athum.

*Vile* nunc *Ville.*

*Reux.*

*Piqueny* & *Picquegny,* Picardiæ Baronatus.

Filiarum vero dictæ Dominæ Ydæ & Caſtellani prædicti primogenita, Machtildis, Advocato *Morinenſi* nupta, ſine liberis deceſſit. Secunda filia, nomine Yda, Præpoſito Duacenſi unicam peperit filiam, ſimiliter Ydam nomine: quæ Domino Alardo de *Antoing* unum peperit filium & duas filias. Filius nomine Hugo, patri ſuccedens in terra de *Antoing* & de *Eſpinoit*, uxorem duxit Philippam, unicam filiam probi viri Domini Michaelis de *Harnes* ejuſque hæredem; ex qua tres genuit filios & duas filias. Quorum primogenitus, nomine Michael, pro ſua parte habens terram de *Harnes*, ex ſorore Domini Raſſonis de *Liedekerke* unum genuit filium & duas filias. Hic filius, nomine Hugo, ex ſorore Domini Joannis de *Berbenchon* duos genuit filios, Joannem & Michaelem. Quorum primogenitus Joannes, duxit Mariam filiam Domini Euſtachii de *Scouflans*, relictam Domini Joannis de *Mortagne*. Sororum dicti Domini Hugonis de *Harnes* primogenita, nomine Clariſſia, Domino Euſtachio de *Lens* unum peperit filium & unam filiam. Filius iſte,Joannes nomine, uxorem duxit Alaydem, filiam Domini Gerardi de *Einghen*, Domini de *Sottengheen*; & filia dicti Euſtachii Iſabella, nupſit Alardo Domino de *Vile*. Secunda vero ſoror dicti Hugonis, filia Domini Michaelis des *Hernes*, nomine Philippa, nupta Domino Euſtachio Kanivet de *Rodio*, ſine hærede deceſſit. Prædictus Dominus Michael de *Hernes*, uxore ſua prima mortua, duxit filiam Domini Renaldi de *Pinkengni*; ex qua filiam genuit nomine Mariam, quæ nupſit

Do-

Domino Arnaldo de *Chisoing*. Secundus filius Domini Hugonis de *Antoing*, Hugo nomine, ex filia Senescali Flandriæ Roberti plures genuit filios : & post mortem hujus uxoris primæ, aliam duxit, scilicet filiam Advocati *Bithuniæ* Roberti, relictam Domini Hellini de *Waurin*. Et tertius filius dicti Domini Hugonis de *Antoing*, nomine Joannes, uxorem duxit Beatricem, filiam Domini Roberti de *Virve*, relictam Domini Godefridi de *Winti*. Filiarum vero dicti Domini Hugonis de *Antoing* primogenita, nomine Beatrix, Domino Joanni de *Rume* plures peperit filios & filias. Quorum primogenitus, Balduinus nomine, ex filia Domini Hellini de *Waurin* Sibilla, tres genuit filias. Quarum primogenita, Elisabeth nomine, nupsit Domino Joanni de *Warenes*; reliquæ nondum maritatæ. Sororum autem dicti Domini Balduini de *Rume* primogenita, Philippa nomine, Domino Theoderico de *Hufalise* unam peperit filiam. Altera vero soror Aëlidis nomine, Domino Joanni de *Area* plures peperit filios & filias. Prædictus Dominus Hugo de *Antoing*, post mortem uxoris Dominę Philippæ de *Harnes*, ex filia Domini Joannis de *Chisoing* Maria plures genuit filios & filias. Quorum primogenitus, Alardus nomine, terram tenens de *Briefuel*, quam pater eidem acquisierat, ex filia Domini Galtheri de *Torota* Maria, plures genuit filias. Secundus dicti Hugonis filius ex uxore secunda, Galtherus nomine, terram tenens de *Belona* per acquisitionem patris, ex nepte Domini Radulphi de *Soreos* Franciæ Marescalci Catharina, plures genuit filios. Tertius eorumdem filius, Joannes nomine, Canonicus ecclesiæ Cameracensis & Archidiaconus. Similiter & quartus, Arnulphus nomine. Et quintus, per acquisitionem patris terram tenens de *Assenaing*, nomine Egidius, ex unica filia Domini Guilelmi de *Fraxineto* plures genuit liberos. Filiarum vero dicti Hugonis de *Antoing* ex uxore secunda, primogenita, nomine Maria, Domino de *Barbenchon* Joanni plures peperit liberos. Altera vero, Yda nomine, Domino Nicolao de *Barbenchon*, fratri dicti Domini Joannis, nupta est. Yda supradicta, Præpositi Duacensis uxor, post mortem dicti Præpositi, Domino Henrico de *Hondescote* nupta, unum peperit filium & filiam unam. Filius nomine *Li Bleus*, satis strenuus, mortuus est sine liberis. Et filia, no-

*Chisoing, Gisoin, Antoing*, consule Carpentier in Histor. Camerac. parte 3 pag. 90. & seq.

*Vierve.*

*Winty.*

*Rummes.*

*Waurin*, vide Carpentier in Hist. Camerac.

*De Area*] *d'Aire* opidum & familia in Artesia.

*Briffœüil, Brisœul* prope *Leuze* in Hannonia.

*Torota*] *Torote & Thorote*. vide du Chesne in hist. domus de Coucy l. 6. cap. 2 pag. 196 & 243.

*Bellone* vide Carpentier parte 3 pag. 93.

*Soreos*, forsan *Soreau*, vicus & familia Picardiæ.

*Frasne*, hujus nominis complures pagi in Belgio & in Gallia, qui omnes in Schedis Latinis *Fraxina*, seu *Fraxinetum* appellantur; sed hic designari conjicio *Frasne* ad Schaldim prope Condatum, vide Carpentier in Hist. Cameracensi.

*Barbanzon* nunc Principatus in Hannonia ab anno 1614.

*Hondescote* vide supra cap. XXVI.

46 Chronicon sive Hist. Genealogica

*Montigny*] Triginta sunt (inquit *Carpentier*) Toparchiæ & familiæ nominis de *Montigny.*
Robert de *Beaufart* Sr. de Sauty, Conneftable de Flandres.
*Prouvi* ] exemplar And. *du Chefne* habet *Prouny.*
GHINES] *Guines, Gifnæ.* Hiftoriam genealogicam Comitum Gifnenfium fcripfit Andreas *du Chefne.* Et apud *Iperium* leges SIFRIDUM Danum *Gifnas* monafterio S. Bertini abftuliffe, & caftellum ibi ædificaffe: Is Ghifnenfis nobilitatis & generis autor fuit.
*S. Omer,* de Caftellanis vide Not. Ecc. Belgii c. ccxi. Et *du Chefne* Hift. Ghifnenfis lib. 1 cap. v & l. v c. 11.
*Crequy*] fuse fcribit de Toparchis de *Crequy Carpentier* in Hift. Camerac. parte 2 pag. 381 & feq. & parte 3 pag. 439 & feq. fed caute legendus.
*Pefnes* forfan *Pefnes* in Comitatu Burgundiæ.

*Liere.*

*Furnæ*, Furnes, Flandriæ opidum.
Crequy.

*Lieques* in tractu Bononienfi circa Ardram.

nomine Yda, Domino Guidoni de *Montengni* duos peperit filios & duas filias. Primogeniti nomen Robertus, & alterius *Li Bleus*. Filiarum una nupta eft Domino Roberto de *Bdaufart*, & altera Domino Balduino de Machecourt. Sororum fupradicti Domini Hugonis de *Antoing*, filii Domini Alardi, primogenita, nomine Maria, Domino Philippo de *Prouvi* unicum peperit filium, nomine Gerardum ; qui patri fuccedens, ex Yda, filia Comitis Balduini de *Ghines*, plures genuit filios & filias. Quarum primogenita, nupfit primogenito Comitis de *Salmis* in Ardenna Wilelmo. Secunda foror dicti Hugonis, nomine Margareta, Domino Wilelmo de *Graumes* duos peperit filios & duas filias. Primogeniti nomen Wilelmus, alterius Hugo. Filiarum una Domino Henrico de *Marlins* unam peperit filiam, quam duxit Dominus Walterus de *Hartain*. Tertia filia prædictæ Dominæ Ydæ de *Avefnes* ac Domini Wilelmi Caftellani de *S. Audomaro*, nomine Agnes, Abbatiffa fuit apud *Meffines* in Flandria. Et quarta, nomine Alaydis, nupfit Domino Balduino de *Creki* : qui ex uxore præcedente jam habuerat filium, nomine Balduinum, qui fine liberis deceffit. Dictus ergo Balduinus, pater hujus, ex dicta Alayde unum genuit filium & unam filiam. Filius fine liberis deceffit : & filia, nomine Aelydis, Domino Balduino de *Pefnes* plures peperit liberos. Quorum primogenitus Wilelmus, fecundus Balduinus, tertius Gillebertus, quartus Joannes, & quintus Galtherus. Guilelmus & Balduinus fine liberis deceffereunt : & fic devoluta terra ad Gillebertum eorum fratrem, Canonicum Arienfem, dictus Gillebertus Clericatum dimittens, ex filia Domini *de la Planche* plures genuit filios. Filiarum vero dictæ Dominæ Aelydis de *Pefnes* una, Domino Richardo de *Liere* plures genuit liberos. Quarum una, filia dicti Domini Richardi, nupfit Domino Matheo de *Medon*. Altera vero, Dominæ de *Pefnes* filia, Domino de *Efpiere* filios peperit & filias, quarum una nupfit Caftellano de *Furnes*. Mortuo autem dicto Domino Balduino de *Creki*, Aelydis de *S. Audomaro* ejus relicta, Domino Anfelmo de *Lomviler*, Domino de *Kahen*, unum peperit filium & duas filias. Filius nomine Arnulphus patri fucceffit : & filiarum una, nomine Yda, Domino Engelramo de *Liskes* tres peperit filios & unam filiam.

Quo-

## Balduini Avennensis.

Quorum primogenitus, nomine Engelramus, ex sorore Domini de *Lierdouchiel* plures peperit liberos. Secundus, nomine Anselmus, uxorem duxit Dominam de *la Motte*, sororem Domini Walteri de *Oumengni*. Et tertius filius, nomine Wilelmus, Clericus fuit. Filiarum vero Domini de *Liskes* primogenita nupsit Domino Arnulpho de *Lomviler*. Et una filiarum, Domini Arnulphi de *Lomviler* primogenita, Domino de *Esquerdes* plures genuit liberos. Et secunda filia nupsit primogenito filio Domini Anselmi de *Ordré*. Quinta filia Dominæ Ydæ de *Avesnes*, nomine Margareta, nupsit Domino Balduino de *Creki*, filio Domini Balduini ex uxore prima; qui postea duxit Aëlidem, sororem dictæ Dominæ de qua locuti sumus; & peperit dicta Margareta dicto D. Balduino plures filios & filias. Quorum primogenitus, nomine Philippus, terram de *Creki* tenens post patrem, ex sorore Vice-domini de *Pinkengni* Gerardi plures genuit liberos. Quorum primogenitus, nomine Balduinus, ex filia Domini de *Helli*, unica ejusdem hærede, plures genuit liberos. Secundus dicti Domini Philippi filius, nomine Hugo, ex uxore sua domina de *Selles* plures genuit liberos. Tertius dicti Domini Philippi filius, nomine Philippus. Et quarti nomen Engelramus, qui fuit Clericus & Episcopus Cameracensis. Filiarum vero Domini Philippi, Domini de *Creki* una, nomine Margareta, primogenito Domini de *Gistele* unum peperit filium: qui post mortem Domini Walteri successit in terra de *Furmeselles*: & dicta Margareta nupsit Jacobo de *Harchicourt*: quo similiter defuncto sine liberis, iterum maritata est Domino Walloni de *Boure* [Beure]: post cujus etiam mortem Domino de *Trasengnies*. Secundus frater dicti Philippi de *Creki*, nomine Balduinus, Dominus de *Torchi*, plures genuit filios. Quorum primogenitus, nomine Wilelmus, patri successit. Secundi nomen Philippus; & tertii Balduinus. Una filiarum dicti Domini Balduini de *Torchi* nupsit Domino de *S. Maxentio*: & altera Domino de *Sempy*. Duarum vero filiarum dicti Domini Balduini de *Creki* junioris una, nomine Margareta, Abbatissa fuit apud *Messines* in Flandria: & secunda, Domino Joanni *Boutteri* Domino de *Boumo* unam peperit filiam, quæ Domino Bernardo de *Maruel* unum peperit filium nomine Stephanum. Hic Stephanus

*F. Longvillers.*

ORDRE] *la Tour d'Ordre ad mare prope Bononiam.*

*Crequy.*
*Picquegny seu Pikqueny.*

*Helli ou Heilly.*

*Engelramus Nicolai successor an. 1275 aliis 1276. Gistelle Flandriæ Baronatus in diœcesi Brugensi. Veterum Dominorum seriem reperies apud Aub. Miræum Not. Eccl. Belg. c. 224. Furmeselles seu Formeselle.*

*Torcy.*

S. MAXENTIO] *opidum Galliæ ad Oësiam fluvium Pont sainte Maxence, dicitur etiam pons S. Macræ. Messines, Messina monasterium Ord. S. Benedicti in Flandria, vide supra cap. IX. Boutteri ou Boutry.*

*Maruel.*

*Chronicon sive Hist. Genealogica*

phanus uxorem duxit Domini Comitis de *Dommartin*. Et post mortem Domini Bernardi de *Maruel*, dicta filia Domini Wilelmi *Boutteri* remaritata est Domino Guillelmo de *Pois*, cui peperit unum filium. Tertia filia Domini Balduini de *Creki*, Domino Jacobo de *Oysni* unam peperit filiam, quæ nupsit Domino de *Coudun*, qui ex ea duas genuit filias: quarum primogenita nupsit primogenito filio Domino de *Raineval*; & altera primogenito filio Domini de *S. Simone*. Quarta vero filia dicti Domini Balduini de *Creki*, Domino Rudolpho *Flamment* duas peperit filias: quarum una nupsit Domino Joanni de *Eppe*, & altera Domino Gerardo de *Sorel*.

*Pois, sive Poix, vide Carpentier in Hist. Camerac.*

*Raineval, vide Carpentier parte 3 pag. 926.*

*Eppe.*

*Sorel] vicus & familia Picardiæ.*

---

### NOTATIONES.

*De S. Simone*] Fusè tractat de stemmate Dominorum *S. Simonis* Joannes Carpenterius in Hist. Cameracensi Parte 3 pag. 977 & seq. orditurque his verbis: *Ie pourrois bastir un volume de cette tres-Illustre Maison, laquelle puise son origine, selon les Sieurs du Tillet, de Bouchet, de Belleforest, de la Morliere, de S. Marthe & autres, des anciens Comtes de Vermandois, issus de l'Empereur Charlemagne*: Magnum genus! ex voto meo velim stare auctori fidem, alioqui cum cautela legendus.

**XXXII** Sexta filia Dominæ Ydæ de *Avesnes*, nomine Beatrix, Domino Philippo de *Aria*, fratri Domini Balduini de *Aria*, duas peperit filias: quarum una, nomine Isabella, Domino de *Beauraing* duos peperit filios & quinque filias: quorum filii mortui sunt juvenes. Una vero quinque filiarum, Domino de *Bremeia* duos peperit filios, Eustachium & Alelmum. Eustachius uxorem duxit filiam Comitis de *Dommartin*, quæ sine liberis decessit: & Eustachius aliam ducens uxorem, filiam Domini Drogonis de *Mili*, ex qua plures genuit liberos. Secunda filia Dominæ de *Beurain*, Domino de *Hasebuerc* plures etiam genuit filios. Tertia, Domino de *Bruet* & de *Brekin* similiter genuit liberos. Quarta, Domino de *Brunesbere* plures etiam liberos genuit: & quinta nupsit Domino de *Bleki*. Secunda filia Domini Philippi de *Aria*, soror Isabellæ prædictæ, Domina Machtildis, Domino Joanni de *Ypra*, Domino de *Renenghes*, plures peperit liberos. Dictum est, quod Dominus Wilelmus, Castellanus Sancti Audomari, filius Dominæ Ydæ de *Avesnes*, sine liberis decessit. Similiter & Wilelmus fra-

*Avesnes.*

*D'Aire, Artesiæ opidum & familia.*

*Beauraing familia & Toparchia Hannoniæ.*

*Brimeia] forsan Brimeu.*

*Hasebuerc] conjicio designari Haesbroeck in Flandria.*

*Bliqui prope Athum.*

*Aria] Aire.*

*Renenghes & Reninghes.*

*Balduini Avennensis.*

frater ejus, Miles strenuus, & citra mare & ultra fratri succedens, & Castellania S. Audomari, ex Comitatu de *Frankenberghe*, sine hærede mortuus est: & ideo devoluta est illa terra tota ad dominam Beatricem sororem ejus, uxorem Domini Philippi de *Aria*; eo quod fratres ejus omnes, & sorores antegenitæ jam decesserunt. Et hæc Beatrix non diu supervivens, mortua est: & successit filia sua Machtildis, uxor Domini Joahnis de *Xpra*, Domini de *Renenghes*, qui ex ipsa plures genuit liberos. Quorum primogenitus, nomine Guilelmus, hæres Castellaniæ S. Audomari & Comitatus de *Frankenberghe*, ex uxore sua Adeluya, filia Comitis Balduini de *Ghines*, unum genuit filium & unam filiam. Filius quidem, nomine Wilelmus, patri succedens, ex filia Domini Florentii de *Warennes*, unam genuit filiam, quæ conventionata fuerat primogenito filio Castellani de *Beaumes*. Soror vero, nomine Machtildis, prædicto Castellano de *Beaumont* Balduino plures peperit filios. Fratrum autem prædicti Wilelmi primogenitus post ipsum Guilelmum, Joahnes nomine, in terra successit de *Renenghes.* Et alius frater ejus, nomine Gerardus, Archidiaconus fuit Brabantiæ in ecclesia Cameracensi. Tertius, nomine Jacobus, Dominus fuit de *le Nyeppe.* Quartus, nomine Balduinus, Dominus de *Belefontaine*, Thesaurarius in ecclesia Antoniensi. Quintus, nomine Walterus, Dominus fuit de *Morbeke*, & acquisivit Castellaniam S. Audomari pro parte quæ jacet in Flandria. Et sextus, Bouchardus vocabatur. Duarum vero filiarum Dominæ de *Renenghes* una, nunquam maritari voluit, sed caste vixit. Et altera, nomine Beatrix, Domino de *Beaumanoir* unam peperit filiam, quæ nupta fuit Domino *de Strees.*

*S. Omer* vide supra cap. xxx.

*Frankenberghe* ] sic habet codex noster Ms. qui *Chisletiorum* fuit: sed in exemplari Andreæ *du Chesne*, habetur *Faukenberghe*, ut videre est in Prob. ad lib. V Hist. Ghisnensis pag. 298, & ibidem ex Regestis Parlamenti, anni MCCCLXV Latine conscriptis, legitur Samson de *Bello monte* Miles, Comes *Falsibergensis*.

*Warennes* & *Varennes* utrumque legitur.

*De Beaumez*, Latine de *Bellomanso* vide *du Chesne* l. V Hist. Domus Drocensis pag. 7.

Balduino] floruit anno MCCLXXXII.

F. *Chasteau du Bois de Niepe*.

---

### NOTATIONES.

*De Strees*]. Sic scriptus codex habet, legendum tamen arbitror *d'Etrées*: cujus nominis Toparchiam invenio in *Hannonia* ad Sabim: & occurrit alia in *Viromandia*, valida arce instructa; nec non altera in *Artesia*, ut difficile sit conjectura assequi, quæ hic designetur. Posterioris meminit *Buzelinus* in Gallo-Flandria lib. I cap. xxxix his verbis: *Et hoc in tractu spectatur* ESTREESIUM [Estrees] *tam soli bonitate, quam reguli arce commendabile. Ad familiam* OINGNIESAM *a multis retro saculis pertinet.* Quo præsertim hic pagus sese jactat, *is fuit Balduinus* OINGNIESUS, *quem Bonus Burgundiæ Dux consiliorum filiorum suorum & cubiculi participem fecit, interque Magistros uumeratum Gallo-Flandriæ Gubernatorem constituit.* Cæterum Carolus Philippus de Ognies à Philippo IV. Hisp. Rege designatur Comes d'Estrée prope Duacum anno 1623 ut habet Chronicon Miræi.

### XXXIII

*Meluduni, Melun in Bria ad Sequanam, XXIX Julii an. MCVIII, à morte patris, Henrici feré XLVIII &, ab inauguratione Remis factâ XLIX.*
*Apud S. Dionysium] lege, apud S. Benedictum ad Ligerim.*
*Noyon.*
*DE MORIANE] Mauriana, la Maurienne incolis, la Moriana Italis, provincia parva Sabaudiæ.*
*Brainne] Brana, oppidum Insulæ Franciæ, ad viduam fluvium, & in Suessionensi agro in confinio Campaniæ.*

*Ludovici Regis dicti Grassi.*

Rex Francorum Philippus primus, qui filiam suam de uxore prima dederat Boëmundo Principi Antiochiæ in uxorem, & aliam quam genuerat ex relicta Comitis Andegavensis miserat Tancredo; postquam XLIII. annis regnaverat, mortuus est *Meluduni*, & sepultus *apud Sanctum Dionysium*. Post hunc regnavit filius suus Ludovicus, coronatus apud *Noviomum*. Qui duxit uxorem filiam Comitis de *Moriane*, ex qua genuit quinque filios. Quorum primogenitus, nomine Philippus, vivente patre, infra annum post coronationem, cum equo suo cecidit Parisius per porcum, & ex læsione mortuus est. Unde secundus post ipsum regnavit Ludovicus post patrem. Tertius nomine Robertus, *Drocarum* Comes, uxorem duxit Agnetem Comitissam de *Brainne* ex hæreditate sua, de qua unum genuit filium & unam filiam. Et filius ille, nomine Robertus, patri & matri succedens in Comitatu, Yolendim filiam Rodulphi de *Couchi* duxit uxorem, de quibus dictum est. Filiam vero magni Comitis Roberti, filii Ludovici Regis, Aëlidem, in uxorem duxit Dominus Radulphus de *Couchi*, qui filiam suam dederat Yolendim nomine Roberto juniori. De hac ergo Aëlyde dictus Radulphus tres genuit filios & unam filiam. Quorum primogenitus, Ingelramus nomine, patri succedens, ex uxore sua, sorore Domini Joannis de *Montmirail*, tres genuit filios & duas filias.

*Montmiralium oppidum Galliæ in Bria ad Morinum majorem fluvium.*
*Pontivensis Comitatus in Picardia ad Ostia Somonæ, le Ponthieu.*
*A LE MASSORE vide Joinvilleum in historia S. Ludovici.*

Et horum primogenitus, Radulphus nomine, filiam Comitis de *Pontino* duxit uxorem: sed hic sine liberis mortuus est ultra mare, quando Rex Ludovicus captus fuit *à le Massore*. Secundus horum, nomine Joannes, similiter juvenis decessit. Tertius igitur, Ingelramus nomine, patri succedens, primo duxit uxorem filiam Ottonis Comitis *Gelriæ* Margaretam. Filiarum una, nomine Maria, Regi *Scotiæ* Alexandro unum peperit filium Alexandrum, qui patri successit in Regno: & dicta Maria, post mortem Regis nupta est Domino Joanni de *Acon*, filii Regis *Aconensis* Joannis. Secunda filia dicti Ingelrami Aëlidis, Comiti de *Ghines* Arnulpho plures peperit liberos. Secundus vero filius Domini Radulphi de

*Acon, quæ & Ptolemaïs, urbs Palestinæ in ora maris.*

*Couchi,*

Couchi, nomine Thomas, Dominus de *Vervin*, ex Machtilde primogenita filia Comitis de *Retest* unum genuit filium & quatuor filias. Filius, nomine Thomas, patri succedens, uxorem duxit Isabellam, filiam Comitis *Losensis* Arnulphi: qua sine hærede mortua, duxit Margaretam, Vicedomini de *Pinkengni* filiam, ex qua duos genuit filios & unam filiam. Quorum primogenitus Thomas, patri succedens, uxorem duxit Aëlidem, filiam Domini Gerardi de *Sotteghem*. Secundus, nomine Joannes, uxorem duxit filiam Domini Renaldi de *S. Lupo*. Filia dicti Thomæ, Maria nomine, duxit Domino Galthero de *Toraca*. Quatuor autem filiarum supradicti Thomæ de *Couchi* Domini de *Vervino* primogenita, nomine Yolendis, Domino Arnulpho de *Mortagne* Castellano Tornacensi plures peperit filios & filias; ut dictum est. Secunda filia, nomine Felicitas, Domino Balduino de *Avesnes* Domino de *Bello-monte* unam peperit filiam & unum Filium. Filius, nomine Joannes, ex Agnete filia Domini Guilelmi de Valencia, fratris Regis Angliæ Henrici ex parte matris, duos genuit filios. Et filia dicti Balduini, nomine Beatrix, nupsit Domino Henrico de *Rupe*, primogenito Comitis *Lucelburgensis* Henrici, ex sorore Comitis Henrici *Barrensis*. Tertia filia, Domini Thomæ de *Couchi* Domini de *Vervino*, Agnes, nupsit Domino Goberto de *Aspero-monte*. Et quarta ejusdem filia Abbatissa fuit *Pacis Dominæ nostræ*, Elysandis nomine. Tertius filius Domini Radulphi de *Couchi*, Robertus nomine, ex filia Domini de *Praiaus*, Goda nomine, unum filium genuit nomine Joannem; qui post patrem terram tenens de *Pyon*, ex filia Theolonarii Belvacensis unum genuit filium nomine Robertum. Filia vero Domini Radulphi de *Couchi* Agnes, Domino de *Beaumes* Egidio, Castellano de *Bai-Paluines*, quatuor genuit filios & filias. Quorum primogenitus ex sorore Domini Jacobi de *Bailluel* in Haynonia, filios genuit & filias. Secundus, nomine Radulphus, uxorem duxit dominam de *Baudour*, relictam Domini de *Walaincourt*, & sine liberis mortuus est. Tertius, nomine Thomas, Clericus factus est, & postea Remensis Archiepiscopus. Quartus, nomine Robertus, cognomen habuit de *Britannia*, eo quod nutritus fuerat cum Comite Britanniæ Petro.

*Retel.*

*Los.*

*Sotteghem.*

L. *Torota*. vide du Chesne in historia Domus de Coucy lib. VI cap. X & in hist. Domus de Dreux lib. I cap. I.

*Beaumont.*

*De la Roche.*

*Vervins.*
*D'Aspremont.*

PRAIAUS, nunc Preaux.
L. *Pinon*, vide Du Chesne in hist. Domus de Coucy l. VI c. IV pag. 2 17

*Bapaulmes* oppidum Artesiæ.
*Bellœil*, & *Bailleul*.
D. de *Baudour*, ex Paribus Hannon.
D. de *Walaincourt*, ex Paribus Hannoniæ.

## NOTATIONES.

*Ludovicus*] *VI*, dictus Crassus, Adhelaidem filiam Humberti II Maurien-næ sive Intermontium Comitis & Willæ seu Guillæ Burgundicæ, quæ fuit soror Callisti II, uxorem duxit, anno MCXV.

*Domino Balduino de Avesnes Domino de Bello-monte*] Is est autor hujus Chronici.

XXXIV. Filiorum autem Regis Franciæ Ludovici quartus, nomine Henricus, Clericus factus est, postea Remensis Archiepiscopus.

## NOTATIONES.

*Henricus*] Andreas *du Chesne* in Historia genealogica Domus *Drocarum* in Præfatione ad lib. 1, pluribus probat *Henricum* hunc fuisse tertio genitum filiorum *Ludovici Crassi*. Hic Henricus habitum Religionis accepit in *Clara-valle* manibus S. Bernardi, circa annum MCXLV; & jussu Eugenii III Rom. Pont. quatuor annis post creatus Episcopus Belvacensis, obiitque Archiep. Remensis anno 1175. Is Natale Domini apud *Aquicintum* celebraverat, profectusque fuerat ad Curiam Philippi Flandrensis Comitis, ubi Jacobus de *Avesnis*, facto secundum judicium Curiæ Sacramento, immunem se ostendit de morte Roberti Cameracensis Electi.

XXXV. Quintus vero ejusdem Ludovici filius, nomine Petrus, pro terræ portione terram habuit de *Cortenai*: qui duos genuit filios, Petrum & Robertum. Quorum Petrus patri succedens, uxorem duxit Comitissam *Nivernensem* Agnetem, filiam & hæredem Comitis *Nivernensis* Guidonis, dans Regi *Francorum* Philippo *Montargis*, ut eum juvaret ad hoc matrimonium perficiendum. Robertus quoque frater ejus uxorem duxit Dominam de *Meu*. Dominus vero Henricus de *Gyent* guerram habuit contra Comitem Petrum, & præliatus est cum eo ante Abbatiam *S. Laurentii*, & vicit eum, & rapuit violenter Machildim filiam ejus, quam genuerat ex Comitissa *Nivernensi*. Postea Rex Philippus pacem fecit, & Dominus Henricus dedit ei *Gyent*, & concessit quod Comes Petrus *Altisiodorum* & *Tonoirre* teneret ad vitam suam: propter quod vocatus fuit Comes *Antisiodorensis*, cum *Altisiodorum* non esset Comitatus. Dictus Henricus, ex filia Comitis Petri *Nivernensis*, unicam genuit filiam, quam Dominus G. ltherus de *Castellione* postmodum in uxorem duxit, dans propter hoc Regi Philippo villam de *Remi* in terra *Belvacensi*; & genuit

*Corteniacum*, Courtenay, opidum Insulæ Franciæ, & in Vastinio tractu, inter Senones & Montargium, *Montargis*. Hinc dicti Principes in historiis Galliæ notissimi, ex quibus etiam Imperatores C. P. extitere.

*Meu*, *Meun sur Loire*, Magdunum aut *Mehun sur Eure*, sed suspicor hic designari Magdunum opidum ad Ligerim.

*Gyent*, *Gien*, Giennum & Genabum ad Ligerim.

*Tornodorum* opidum Galliæ Celticæ, *Tonnerre* VII Leucis ab Altisiodoro.

*Castelliones* in Gallia complures sunt, porro hic designatur

ex

ex illa filium unum & filiam unam. Nomen filii Galtherus, qui duxit uxorem filiam Comitissæ *Bolonienfis* Machtildis, quam peperit Comiti Philippo filio Regis *Francorum* Philippi. Dictus autem Galtherus mortuus est in prælio ultra mare, ubi Rex Ludovicus captus fuit apud *Manforum*. Comitissa vero *Nivernenfis* ejus avia adhuc vivebat, propter quod dictus Galtherus nondum tenebat Comitatum Nivernenfem; sed terra ex parte patris, ac etiam Comitatus Nivernenfis *Altifiodorum* & de *Tonoirre*, devoluta est ad ejus sororem, quæ maritata fuit Domino Archibaldo de *Borbon*; qui duas ex ea genuit filias, maritatas duobus filiis Ducis *Burgundiæ* Hugonis. Mortua quidem Comitissa *Nivernenfi*, Comes Petrus de *Altifiodoro* in uxorem duxit Jolendim, sororem Comitis *Haynonenfis* Balduini, hujus nominis quinti post Richildim; qui postmodum Imperator fuit Constantinopolitanus. Fuit autem hæc Yolendis prius per conventiones desponsata Comiti *Campaniæ* Henrico. Ex hac ergo dictus Comes Petrus tres genuit filios, Philippum, Robertum, & Balduinum. Item tres filias, quarum una nupsit Regi Ungariæ. Secunda Comiti *Viennæ* in Alemannia, cui plures peperit filios & filias. Tertia Domino Galthero, filio Comitis *Barri* super Seqanam; quo sine hærede mortuo, ipsa iterum nupsit Domino de *Monte-acuto* in Burgundia.

*signatur Castellio ad Matronam Chastillon sur Marne, quo de loco & gente scripfit historiam genealogicam Andreas du Chefne. Anno MCCI. vi de suprà CLXXV.*
*MANSORUM] Massore vide cap. XXXIII.*
*NIVERNENSEM] Nevers.*
*Auxerre.*
*Champagne.*
*Bar sur Seyne, Barium super Sequanam.*

---

### NOTATIONES.

*Cortenai*] Albericus monachus Trium-fontium in Chronico suo Ms. ad an. MCLXII, enumerans filios Ludovici Craßi, *ultimus* (inquit) *fratrum prædictorum* PETRUS DE CORTENAIO *vir probißimus, de Domina de Montargis genuit Petrum Antifiodorenfem & fratres & forores illius: & eorumdem fratrum fuit una soror, quæ fuit dicta Conftancia, mater hæretici Comitis de Tolofa Raimundi & illius cognationis. Uxor autem Ludovici Groſſi, mater omnium prædictorum, Regina Alaidis fuit, foror Amedei Comitis* Sabaudiæ: *de cujus altera sorore, Marchiones* Montisferrati *procedunt. De tertiâ Reges* Portugalliæ. *Et iſtarum mater Comitiſſa Sabaudiæ, fuit filia ejus qui tunc Dux* Venetiæ.

---

Cæterum, illa quæ nunc sequuntur de Rege Gothorum Alarico, nullam quidem connectionem habent cum Historia Genealogica Comitum Hannoniæ; sed cum scriptus codex illa contineat, nolui detruncare.

---

Rex *Gothorum* Alaricus, exercitu magno congregato, per *Illiricæ* provincias transiens, ac totam patriam devastans, venit in *Theſſaliam*; ubi de suis fere tria millia interfecti sunt ab incolis apud *Nicopolim* juxta *Epyrum*: sed hoc non obstante, transivit in *Italiam*, ubi multa mala fecit.

XXXVI
*GOTHORUM] Wifegothorum.*

*Chronicon five Hist. Genealogica*

IMPERATOR] Honorius.
Galliæ] vide Jornandem de Rebus Geticis seu Gothicis num. xxx.

cit. Et mandavit Imperatori ut ad conflictum veniret contra ipsum, aut in regno suo sibi terram pro se & pro suis concederet. Imperator vero concessit ei terram *Galliæ*, eo quod *Wandali*, *Hunni*, *Gepidæ*, & alii plurimarum nationum barbari destruebant illam. Et tunc Alaricus ivit versus *Galliam*: *Wandali* autem & alii barbari, adventum ejus scientes, a Gallia recesserunt, in *Hispaniam* se transferentes. Interea, cum Alaricus Rex esset in *Gallia*; & aliquamdiu moratus fuisset in civitate *Tolosa* propter gentis suæ requiem; ecce Dux *Ostrogothorum* Samondus, paganus existens, cum ma-

Stillico, genere Vandalus Honorii Imp. socer.

gno exercitu super eum venit, de præcepto *Stiliconis* Marescalli Imperatoris, invadens eum, & occidens magnam multitudinem antequam armare se possent; tandem tamen recollecta virtute vicerunt Ducem, & occiderunt plures de suis, residuo fugiente. Deinde post modicum, intelligens Alaricus, quod hoc dampnum par Marescallum Imperii Stiliconem sibi accidisset; relicta *Gallia*, exercitum suum sine dilatione convertit ad *Romanos*, violenter intrando & homi-

Jornandes de Rebus Gothicis, Procopius lib. 3 de bello Vand.

nes occidendo: sed edictum hoc proclamari fecit, *quod nullus ecclesiam aliquam invaderet, aut ad eam confugientes; omnia alia eis exponendo*. Tunc multa palatia & urbis mœnia destructa sunt, præsertim igne, & occisi multi Senatores: & hoc accidit in fine Augusti, MCLXIIII annis post Urbem conditam. Tertio vero die post exiverunt *Gothi*, & iverunt per *Lucaniam* & *Brixiam*, & *Campaniam*, destructionem magnam facientes. Postea venerunt apud *Regium*, volentes in *Siciliam* transfretare: sed tempestas, eorum naves confringens, & homines multum dampnificans, impedivit eos. Ala-

CONSTANTIAM] lege Consentiam.
BISANTII] lege Basentii.

ricus igitur ad *Constantiam* divertens, subita ægritudine correptus & mortuus est. Tunc Gothi flumen *Bisantii* desiccantes, per aquæ diversionem & aggerum positionem in fundo fluminis Alaricum sepelierunt cum thesauro magno; aggeres postea destruentes, & aquam ad propriam canalem reducentes. Deinde Regem sibi constituerunt Astulphum, affinitate junctum Alarico; & postea *Romam* reversi, secunda vi-

L. Athaulfo.

ce spoliaverunt eam totam; deducentes secum sororem Imperatoris Honorii Gallam Placidiam, quam Regi suo *Aystulpho* uxorem dederunt.

NO-

*Balduini Avennensis.*

## NOTATIONES.

MCLXIV annis post Urbem conditam] hoc est Christi CCCCXI : Verum Philippus Labbæus, diligens & accuratus Temporum computator, refert ea ad annum Christi CCCCIX his verbis : *Alaricus Gothorum Rex, cum Athaulfo uxoris suæ fratre, aliisque Ducibus trepidam urbem Romanam invadit, obsessamque capit die XXIV Augusti, ut quidam ex Theophane tradunt, partem ejus cremavit incendio, multisque ditatus spoliis, Gallam Placidiam Honorii Imp. sororem captivam cum pluribus aliis secum abducit, sexto quàm ingressus fuerat die. Id factum fuisse æra 447, anno Olymp. 297 primo inchoato sive Iphitæo 1185, à primis Palilibus 1162, Honorii Imp. ab obitu patris 15, multis veterum scriptorum testimoniis confirmari potest*, quamquam nonnulli in sequentem annum Romam à Gothis captam differre malint. Idatius aliique referunt, cùm intra & extra urbem cædes agerentur, omnibus indultum fuisse, qui ad Sanctorum limina confugerunt. Hactenus Labbeus. Orosius scriptor illius temporis, majorem putat cladem excitatam olim Romæ per Neronis lasciviam, quam hanc illatam ab ira Victoris.

*Gallam Placidiam*] non *Alarici* successor *Athaulfus* captivam fecit, in secunda Romanæ urbis expugnatione, ut textus habet, sed Alaricus in prima, uti apud *Iornandem* Ravennæ Episcopum, qui anno 530 vixit, legitur lib. 1, cujus verba subjicere visum : *Alaricus Rex Wisegothorum, vastatâ Italiâ, Romam ingressus est : opesque Honorii Augusti deprædatus*, PLACIDIAM *sororem ejus duxit captivam, quam post hæc Ataulfo successori suo, in matrimonium ut acciperet, delegavit.*

# EX CHRONICA
## MONASTERII SANCTI HUBERTI
### IN ARDENNA.

Dux *Lotharingiæ* Gotzelo, castrum *Bullonii* in proprium tenens Allodium & Comitatum *Virdunensem*, guerram habuit contra Comitem *Burgundiæ* Odonem, quem tandem occidit. Huic ergo Gotzeloni filius successit Godefridus cum barba, prudens & strenuus excellenter, ac dilectus singulariter Imperatori. Hic ex uxore sua nobili *Alamanna* filium genuit Godefridum Gibbosum. Et cum dictus Godefridus cum barba frequenter iret in *Italiam* cum Imperatore, mortua uxore prima, aliam duxit uxorem, Marchisam *Anconitanam* & *Pisanam*, nomine Beatricem : quæ primo suo marito unicam peperit filiam *Machtildem*. Hanc ergo duxit Godefridus Gibbosus in uxorem. Et postmodum *Romani* dictum Godefridum cum barba patrem totius patriæ Patricium fecerunt. Hujus itaque tempore fuit Abbas *apud S. Hubertum* Theodericus nomine, vir prudens & sanctus, quem quia diligebat & multum in ejus orationibus Dux confidebat, ecclesiam sub castro *Bullonii*, in qua Canonici lubrice nimis & male se gerentes erant, dicto tradidit

*Gotzelo aliis Gozilo.*

*Godefridus Senior obiit anno* MLXX.

*Vide infra in Notat. de* Machtilde.

*Apud S. Huberti* vide supra cap. XI.

*Bouillon.*

dit Abbati, ut ibi monachi ponerentur; alias poſſeſſiones adjungens & cartam ſuper hoc tradens, ſigillo filii ſui Godefridi Gibboſi, Comitis Alberti de *Namurco*, Henrici fratris ſui Comitis de *Durbio*, Heſcilini Comitis de *Grandi-Prato*, Balduini fratris ejuſdem, Comitis Walrami de *Erlons*, Comitis Arnulphi de *Cyſgni*, Comitis Hugonis de *Maceriis*, ac Domini Roſeri de *Roſoit* ſigillis roboratam. Poſtmodum, auditis rumoribus, quod Imperator Henricus injurias eidem Godefrido cum barba inferret in terra *Aconenſi*; acceſſit verſus partes illas, ſecum ducens uxorem ſuam, ſed filium relinquens in *Ardenna* ad terram cuſtodiendam. Pertranſitis ergo montibus, & intellecto quod Imperator aliquas poſſeſſiones ſuas occupaverat, de gente & amicis ſibi providit; & guerram Imperatori fecit, & ad hoc eum perduxit, quod tandem *Italiam* ipſam relinquere fecit: quem & in *Alemanniam* ſequendo plures villas & caſtra combuſſit, ac etiam *Virdunum* ſimul cum eccleſia Dominæ noſtræ & aliis eccleſiis, eo quod cum Imperatore ſe tenebat. Poſtea *Romam* reverſus, ibi diu moratus, tandem diſſenteria correptus, de conſilio medicorum ad aërem nativum reverſus eſt. Duciſſa vero Beatrix ab eo petiit facultatem remanendi ac ædificandi monaſterium in patria ſua, ubi ſe Deo redderet, & benigniter impetravit, ac in manu Papæ Alexandri ambo caſtitatem pariter voverunt. Deinde poſt reditum Ducis cum intellexiſſet, quod Godefridus filius ejus monaſterio *S. Huberti* magnam partem poſſeſſionum ei donatarum abſtuliſſet; multum commotus, Paribus *Bullonii* convocatis, filium ſuum aſpere reprehendit; dicens quod ei ſufficere deberet, eleëmoſynam dediſſe tam modicam, cum ipſi tam magna res ut erat Ducatus *Bullonii* & *Lotharingiæ*, Comitatus *Virdunenſis* atque *Marcha Anconæ* & *Piſarum* remaneret; præſertim quia monachi pro ipſo deberent orare Deum. Filius igitur Godefridus cum gibbo, patrem ſic audiens benigne & pie loqui, motus eſt pietate; & dixit patri: Domine, pravo ſum uſus conſilio, unde pœniteo: & ſcitote quod nunquam contra voluntatem tuam faciam aliquid. Tunc pater: Volo, inquit, juramentum tuum ſuper hoc habere, & quod in fide hac me oſculeris. Quod ille libenter fecit, videntibus

om-

omnibus Baronibus, omnia quæ pater suus dicto monasterio contulerat confirmando. Demum Dux prædictus mille dedit libras ad dictam ecclesiam ædificandam, & sanctè mortuus est in Domino. Filius autem ejus Godefridus cum gibbo, ei succedens in Ducatu *Bullonii* & *Lotharingiæ*, ex uxore sua Machtilde filiam unicam genuit, Ydam nomine, quæ nupta Comiti *Boloniæ* supra mare Eustachio, cognomine cum Ghernonibus, ei peperit Godefridum Regem *Jerosolymitanum*.

Hæc non consentiunt cum Historia Comitum Bononiensium. *Yda* quippe God. Bullonii Regis Hierosolymitani mater, non filia, sed soror fuit God. Gibbosi sine liberis defuncti.

## NOTATIONES.

GODEFRIDUS GIBBOSUS] *præstantis quidem animi adolescens, sed Gibbosus*, ut Schafnaburgensis loquitur: is anno MLXXVI Antverpiæ à sicario confoditur: quod idem Schafnaburgensis narrat hisce verbis: *Gozilo* (inquit, Godefridolum Gibbosum intelligens) *Dux Lotharingorum cum esset in confinio Lotharingiæ & Flandriæ, in civitate quæ dicitur Antwerpha, occisus est per insidias, ut putabatur, Ruberti Flandrensis Comitis. Cum enim ad necessitatem naturæ secessisset, appositus extra domum speculator confodit eum per secreta natium. Qui deinde vix vi diebus superstes, IV kal. Martii vitâ decessit, Virdunis juxta patrem sepultus.*

Uxorem duxerat Mathildem, filiam Beatricis supra in textu memoratæ, ex Bonifacio Marchione Tusciæ, sed quæ virgo mansit intacta. Post obitum tamen Godefridi Gibbosi, secundis nuptiis juncta fuit *Welphoni*, Welphonis Bavariæ Ducis filio, Azonis Marchionis Ferrariensis nepoti, sed intacta ut antea; uti apud Bertholdum & Baronium legitur. Fuit virili animo mulier, omni ævo memoranda. Quæ pro Pontificibus Romanis contra Henricum IV Regem, & Benedictum X pseudo-Pontificem non semel arma sumpsit; & anno MCXV, de XXIV Julii, ætatis XCVI moriens ditionem suam universam, magnam scilicet Tusciæ partem, Ecclesiæ Romanæ legavit, *quam nunc patrimonium sancti Petri vocamus*, ait Platina in vita Benedicti X. Sepulta est in Padolirone monasterio inter Padum, & Larium lacum. Vide Domnizonem in vita ejus & Leonem Ostiensem lib. 3, cap. 48. Ætate nostra Urbanus VIII optime de Ecclesia meritæ corpus ad Basilicam Vaticanam transferri fecit, alteque elevato monumento collocavit; hac desuper incisa inscriptione.

*Vrbanus VIII Pont. Max. Comitissæ Mathildi virilis animi fœminæ, Sedis Apostolicæ Propugnatrici, pietate insigni, liberalitate celeberrimæ: huc ex Mantuano Sancti Benedicti cœnobio translatis ossibus: gratus æternæ laudis promeritum monumentum posuit an.* MDCXXXV.

*Codicis manuscripti.*

# FINIS.

Non abs re aut ingratum fore arbitramur, subjicere Historiæ genealogicæ Comitum Hannoniæ seriem eorum, desumptam ex stemmatibus Principum Belgii, ab Auberto Miræo concinnatis vulgatisque anno MDCXXVI.

## SERIES COMITUM HANNONIÆ.

IAcobus Guisius in mss. Hannoniæ Chronicis, & gentilem suum secutus Nicolaus Guisius, & alii passim, nescio quos *Alberones, Albones*, & similes sibi Comites Hannoniæ finxerint, quos classici auctores veteres; itemque antiqua diplomata Regum ac Principum prorsus ignorant.

Apud Sigebertum in Chronico an. 651, notus est Madelgarius Dux, qui & VINCENTIUS Altimontensis & Sonegiensis, ejusque conjux WALDETRUDIS Castrilocensis, cum sorore sua Aldegunde Melbodiensi.

Hunc ipsum *S. Vincentium* (qui Altimontensem Benedictinorum Abbatiam ad Sabim prope Melbodium, & Sonegiense Canonicorum collegium, tertio lapide à Montibus Hannoniæ, fundavit) vulgò nuncupant Comitem Hannoniæ.

Uxor ejus *S. W. aldetrudis*, Castrilocense seu Montense nobilium virginum Canonicarum collegium instituit ac dotavit.

Sic & *S. Aia* à medii ævi scriptoribus Comitissa Hannoniæ indigetatur. Fuit ea sanguine juncta S. Waldetrudi, & maritum habuit *S. Hildulfum*, Ducem Laubiensem, ut ipsum Sigebertus in Chronico an. 651 nuncupat.

Aia porrò quiescit Montibus Hannoniæ, in ecclesia S. Waldetrudis, cui varia prædia contulit; ut Guisius in Annalibus Hannoniæ lib. 11 cap. 4 narrat.

In diplomate Ludovici Germaniæ Regis anno 908 dato, quod Chapeavillius tomo 1 rerum Leodicensium recitat, nominatur SIGEHARDUS Comes Hainuensis.

Baldericus in Chron. Cameracensi lib. 1 cap. 73. AMULRICUM *Comitem ex pago Hainou* memorat, qui Isaaci Comitis Cameracensis filiam duxerat uxorem.

Ut ut sit, multi olim potentes viri, per tractum Hannoniæ (quod & in aliis provinciis observavi) titulo Comitum usi fuerunt. Omissis

Omissis itaque fabellis & narrationibus incertis, seriem primorum Hannoniæ Comitum, qui jure sanguinis sibi ex ordine successerunt, à RAGINERIS deducemus. A Ragineris, inquam, ad quos ut olim Comites Lovanienses ac Duces Brabantiæ, sic & hodie Lantgravii Hassiæ genus suum referunt.

Ragineros porrò quatuor ex ordine invenio; quod nota contra Sigebertum, Guisios, Bochium, Marchantium, & alios, qui tres tantùm agnoscunt, & ex Raginero primo ac secundo unum faciunt.

De quatuor itaque Ragineris, ex Reginone & Flodoardo, fidelissimis illorum temporum scriptoribus, ex Dudone Decano ecclesiæ S. Quintini, & Guilielmo Gemeticensi, qui res Normannorum litteris mandarunt, & ex vetustis Principum Diplomatibus, hæc disce.

RAGINERUS eo nomine primus (quem Regino simpliciter Ducem, Dudo & Guilielmus Gemeticensis Hasbacensem & Hainaucensem Ducem, id est, Hasbaniæ & Hannoniæ Ducem seu Principem nuncupant) an. 876. Rolloni Normannorum Duci in Walachriam Zelandiæ insulam irrumpenti, fortiter restitit, ab eodem postea an. 878. Condati in Hannonia, ad Scaldis & Scarpi confluentes, captus, ac paulò post dimissus.

*Walgrenses contra Hollonem Normannorum Ducem in auxilium evocant Ragincrum Longicollum, Hasbacensem & Hainaucensem Ducem, & Radebodum Frisiæ regionis Principem.* Ita Dudo lib. 2 & Guil. Gemeticensis lib. 2 cap. 8 in Hist. Normannorum.

Adhæsit Raginerus primum SUENDIBOLDO Lotharingiæ Regi, post ab eo malè habitus, ad Carolum Simplicem Francorum Regem transiit: ut Regino narrat:

Anno 898. *Zundibolch Reginarium, Ducem sibi fidelissimum & unicum consiliarium, nescio cujus instinctu, à se repulit, & honoribus atque hereditatibus, quas in suo regno habebat, interdictis, eum extra regnum infra* XIV *dies secedere jussit. Ille sibi adjuncto Odacro Comite, & quibusdam aliis, cum mulieribus, parvulis, & omni supellectile in quemdam tutissimum locum, qui Durfos dicitur, intravit, ibique se communivit.*

*Quod cum Rex cognovisset, coadunato exercitu castrum*

*expugnare conatus est : sed minimè prævaluit, propter paludes & multiplices refusiones, quas in prædicto loco Mosa fl. facit.*

*Rege ab obsidione recedente, præfati Comites Carolum adeunt, & eum cum exercitu in regnum (Lotharingiæ) introducunt. Zundibol cum paucis fuga dilabitur. Carolus recto itinere Aquas venit, deinde Neumagum perrexit.*

Raginerus porro uxorem habuit ALBRADAM, ut ex diplomate Marsanensi an. 968 à Gerberga Francorum Regina dato, & à nobis in Codice donationum piarum cap. 38 edito, itemque ex Flodoardi Chronico constat.

Ex ea filios reliquit *Gislebertum* Lotharingiæ Ducem, primum dictæ Gerbergæ (quæ postea Ludovico Transmarino Francorum Regi nupsit) maritum, & *Ragineruum* eo nomine secundum Comitem Hannoniæ. Addunt nonnulli tertium filium, nomine *Lambertum*, Comitem Lovaniensem, quem Otho I. Imp. an. 948 constituit Advocatum Gemblacensis Abbatiæ, edito diplomate, quod in citato nostro Codice cap. 32 exstat.

Habuit item Raginerus filiam N. Berengario Lomensi seu Namucensi Comiti nuptam : ut Flodoardus in Chron. an. 924 testatur.

Ceterum an. 914 aut 917 Raginerus vivere desiit : cujus exequiis Carolus Simplex, Galliæ Rex, interfuit : ut in Fragmento veteris scriptoris Gallici (quod ex Conrado Abbate Urspergensi Petrus Pithœus recitat) discimus :

*Hac tempestate Regenerus vir nobilis, partium Caroli (Simplicis) fidissimus tutor, finem vitæ accepit, cujus exequiis Carolus interfuit. Hisque peractis, Giselberto ejus filio jam adulto paternum honorem, coram Principibus, qui confluxerant, liberalissimè contulit.*

II. RAGINERUS II à Brunone Coloniensi Archiepiscopo ac Lotharingiæ Duce, Othonis Imp. fratre, an. 959 in exilium pulsus fuit ; ut apud Sigebertum in Chronico legitur :

*Anno 959 Bruno Archiepiscopus & Archidux Lotharingiæ, secundas partes in regno fratris sui potenter & industriè administrans, Ragineruum Montensem Comitem, qui Longicollus cognominabatur, apud Valentianas evocatum capit, & irrevocabili exsilio damnavit, pro eo quod regnum bellis inquietabat ; vel, quod verius fuisse dicitur, pro eo quod, mortuo Gisleberto Duce, consanguineo suo, ea quæ Gislebertus uxori*

*suæ*

suæ Gerbergæ, sorori Imperatoris, in dotem contulerat, violenter ei auferre præsumebat.

Bonis Ragineri ad fiscum publicatis, filii ejus Raginerus & Lambertus, ad Lotharium Francorum Regem confugerunt.

Raginero II uxor fuit ADELA, ut Jacobus Guisius in mss. Hannoniæ Annalibus tradit ; cujus tamen ea fuerit filia, non addit. Moriens in exilio post annum 973 duos reliquit filios *Raginerum* III & *Lambertum* Comitem Lovaniensem : ut Sigebertus in Chronico an. 977 testatur.

Errant itaque Guisius, Lipsius in Lovanio, & alii eos secuti, qui Raginerum II Manassis filium faciunt : cum ex Gerbergæ diplomate Marsanensi suprà citato, & ex Flodoardi Chronico constet, ipsum Ragineri I & Albradæ filium, ac Gisleberti Lotharingiæ Ducis primi fratrem fuisse.

Manasses autem (cujus occasione error natus est) Comes in Burgundia fuit, idemque fundator monasterii S. Viventii in diœcesi Augustidunensi, ubi & sepultus jacet, cum conjuge sua Hermengarde. Ex ea filium reliquit Gislebertum, qui Burgundiæ Dux fuit, post obitum Hugonis cognomento Nigri, ut Quercetanus in sua Burgundia testatur.

RAGINERUS III Hainoensem seu Montensem Comitatum, patri à Brunone ablatum, recuperavit ; Guarnero & Rainoldo, qui illum tenebant, Peronæ (qui vicus est Hannoniæ prope Binchium) cum exercitu deletis. Uxor illi fuit HADEVIDA seu Havida, Hugonis Capeti, postea Francorum Regis, filia.   III.

De his rebus ita Sigebertus in Chronico : *Anno 977 filii Ragineri, ut pro se viriliter agerent, animati Francorum auxilio & affinitate (Raginerus quippe Hathuidem filiam Hugonis, postea Regis, Lambertus verò Gerbergam filiam Karoli Ducis, duxere uxores) in terra patrum suorum relocati sunt.*

Ceterum hæc à Sigeberto commemorata, non uno eodemque anno contigisse, constat ex Epistolis Gerberti, qui postea Romanus Pontifex fuit.

RAGINERUS IV Ragineri III filius, Comitatum à patre acceptum pacificè possedit. Uxorem habuit MATHILDEM Herimanni seu Henscelonis Comitis Einhamensis filiam,   IV.

liam, qui postea Virduni, in cœnobio S. Vitoni, factus est monachus: ut apud Baldericum in Chronico Cameracensi lib. 3 cap. 10 & in Auctario ad Sigeberti Chronicon an. 1005 legitur.

Reliquit is filiam unicam RICHILDEM, Comitatus Hainoënsis hæredem, quæ primis nuptiis *Hermanno* Comiti, secundis autem *Balduino* eo nomine Sexto, Flandriæ Comiti, conjuncta fuit. Quo quidem matrimonio Flandria & Hannonia in unum veluti corpus coaluerunt.

V. RICHILDIS, Raginerii IV filia, primum ut dixi *Hermanno* Comiti, post *Balduino* VI Flandriæ & Hannoniæ Comiti nupsit.

Ex Balduino peperit *Arnulfum* cognomento *Infelicem*, Comitem Flandrensem, quem patruus Robertus Frisius in bello Casletensi interfecit; & *Balduinum* cognomento *Hierosolymitanum*, Comitem Hannoniensem: ut in Auct. Aquicinctino in gestis anni 1191 legitur. Filii ex Hermanno nati, in monasterium sunt detrusi.

VI. BALDUINUS cognomento *Hierosolymitanus*, Richildis & Balduini filius, uxorem duxit *Idam*, Henrici IV Imperatoris filiam & ex ea genuit *Balduinum* III, cui Robertus Frisius Duacum castrum abstulit.

VII. BALDUINUS III illo nomine Comes Hannoniensis, Balduini & Idæ filius, uxorem habuit, *Jolem* seu Jolentam, Gerardi Comitis W assembergii filiam, & ex ea peperit *Balduinum* IV, qui Valentianenses sibi rebelles subegit.

VIII. BALDUINUS IV, Balduini & Jolentæ filius, uxorem habuit *Aleidem*, Henrici Comitis Namurcensis sororem; ex qua genuit *Balduinum Magnanimum*.

IX. BALDUINUS V, cognomine Magnanimus, uxorem duxit *Margaritam*, Philippi Alsatii Flandriæ Comitis sororem, & ex ea genuit *Balduinum* Flandriæ & Hannoniæ Comitem, *Philippum* Comitem Namurcensem, & *Henricum* Comitem Andegavensem.

Obiit autem Bald. Magnanimus, *Marchio Namurcensis & Comes Hainoensis, an. 1195 XVI Kal. Januarii, & sepelitur apud Castri-locum cum patribus. Successit ei Balduinus, filius ejus, Comes Flandrorum*: ut in Auct. Aquicinctino legitur.

X. BALDUINUS, Bald. Magnanimi filius, Flandriæ & Hannoniæ

noniæ Comes, poſt Imp. Conſtantinopolitanus, vivente patre, duxit *Mariam* Henrici Campaniæ Comitis filiam; ut in citato Auctario legitur. Obiit, an. 1204.

XI. JOANNA, Bald. Conſtantinopolitani filia, maritos habuit, Ferdinandum Sanctii Portugalliæ Regis filium, & Thomam Sabaudum; ſed obiit improlis an. 1244.

XII. MARGARITA, Joannæ ſoror, Joanni Dompetræ nupta, an. 1280 deceſſit. De ejus liberis ſupra cap. 19 diximus.

XIII. JOANNES Avennius, Margaritæ & Buchardi Avennii filius, deceſſit an. 1304; ſepultus Valentianis cum *Philippa* conjuge.

XIV. GUILIELMUS I, cognomento Bonus, Joannis Avennii filius, Hannoniæ, Hollandiæ & Zelandiæ Comes, Middelburgi in Zelandia collegium Canonicorum S. Petri conſtituit, quod nunc eſt cathedrale. Obiit an. 1337.

XV. GUILIELMI II, Guilielmi I filius, Hannoniæ Hollandiæque Comes, an. 1345 in bello à Friſiis occiditur, nulla prole relicta ex *Joanna* uxore.

XVI. MARGARITA, Ludovici Bavari Imp. conjux, fratri ſuo ſine liberis defuncto ſucceſſit, & anno 1356 è vita migravit, Valentianis condita. Maritus ejus Lud. Bavarus jam antea deceſſerat, anno 1347.

XVII. GUILIELMUS III Bavarus matrem ſuam *Margaritam* an. 1351 ex Hollandia fugavit. Deo impietatem vindicante, an. 1358 in amentiam incidit, ac demun Querceti in custodia an. 1377 vivere deſiit, non relicta ſobole ex conjuge *Mechtilde*.

XVIII. Guilielmo amenti defuncto ALBERTUS frater ſuffectus, anno 1382 ordinem Equitum ſub tutela Deiparæ & S. Antonii inſtituit, quibus templum inſigne, haud procul ab Hauræa arce, attribuit. Equitum inſigne erat torques aureus, in formam eremiticæ cordæ confectus, cui fulcrum cum campanula aurea appendebat.

Obiit an. 1404. Hagæ Comitis ſepultus, relictis liberis, *Guilielmo*, *Joanne* Epiſcopo Leodicenſi, & *Margarita*, Joannis Intrepidi Burgundiæ Ducis uxore.

XIX. GUILIELMUS IV in Hannoniæ, Hollandiæ, Zelandiæ & Friſiæ ditionibus patri ſuo Alberto ſucceſſit, & an. 1417 obiit, Valentianis humatus apud Minores.

Uxor illi fuit *Margarita*, Philippi Audacis, Burgundiæ
Ducis

Ducis Flandriæque Comitis filia, ex Margarita Malana.

XX. JACOBA Bavara, Guilielmi IV. filia, ob multiplices nuptias infamis, an.1436 fine liberis deceffit, in Haga Comitis condita.

XXI. Jacobæ defunctæ in suprà nominatis provinciis PHILIPPUS BONUS, Burgundiæ Dux Flandriæque Comes, succeffit. Ordinem Equitum Velleris aurei an.1430 inftituit, & anno 1467. Brugis vivere defiit, unico filio & herede *Carolo Audace* relicto ex *Isabella*, Joannis Lufitaniæ Regis filia.

XXII. CAROLUS Audax, anno 1477 infelici ad Nanceium prælio cæfus, ex *Isabella Borbonia* unicam reliquit filiam & heredem MARIAM, Maximiliano Auftriaco nuptam.

XXIII. MAXIMILIANUS, Frederici III. Imp. filius, Auftriacæ magnitudinis ac potentiæ auctor exftitit, anno 1477 ducta MARIA, Burgundicarum ac Belgicarum Provinciarum herede: quæ ipfi filium *Philippum Pulchrum*, & filiam *Margaritam* peperit, obiitque anno 1482.

XXIV. PHILIPPUS cognomento Pulcher, ex paterna maternaque hereditate Auftriacorum, Belgarum ac Burgundionum Princeps, nomine uxoris *Ioannæ Aragoniæ*, Caftellam, Aragoniam & alia Hifpaniæ regna dotalia adiit, & Burgis an.1506 obiit, relictis liberis *Carolo, Ferdinando, Eleonora, Isabella & Maria*.

XXV. CAROLUS V Imperator, Hifpaniarum & Indiarum Rex, Auftriæ Archidux, Burgundionum Belgarumque Princeps, Gelriam, Zutphaniam, Frifiam, Ultrajectum, Groningam, & Tranfifalanam ditionem Belgico imperio adjecit. Ferdinando fratri Provincias Auftriacas cum Imperio, filio autem *Philippo*, ex Ifabella Lufitana nato, reliqua omnia regna an.1555 ceffit, & an. 1558 deceffit.

XXVI. PHILIPPUS II, cognomento Prudens, Hifp. Rex Belgarumque Princeps, an.1598 filiæ fuæ *Isabellæ Claræ Eugeniæ* Provincias XVII Belgicas cum Burgundia in dotem attribuit: quæ anno infequente cum *Alberto Auftrio*, Maximiliani II Imp. filio, in manum convenit.

Henrico Cardinale ac Rege Lufitaniæ an.1579, fine liberis defuncto, Philippus II reliquæ Hifpaniæ Lufitaniam, maternæ hereditatis jure fibi debitam, cum India Orientali, Brafilia, Guinea, plurimifque infulis annexuit. Exftat ea de re elegans Hieronymi Coneftagii libellus. Obiit autem Philippus II an. 1598, relicto filio *Philippo* III Hifpaniarum & Indiarum herede, qui an.1621 vivere defiit.

XXVII. ALBERTUS cognomento Pius, ISABELLÆ Claræ Eugeniæ maritus Belgarum Princeps laudatiffimus, an.1621 Bruxellis deceffit. Ejus vitam, peculiari libro comprehenfam, typis Plantinianis publicavimus.

XXVIII. Alberto fine liberis defuncto, PHILIPPUS IV Rex Catholicus, Philippi III, & Annæ Auftriacæ filius, in Provinciarum Belgicarum principatu succeffit. Is an. 1614 *Isabellam Borboniam*, Henrici IV Galliarum Regis filiam, matrimonio fibi juxit anno 1625. Hifpaniam ab Anglis, Brafiliam à Batavis vindicavit; & in una Breda fubacta omnes Reges æmulos vicit. Quem de maris imperio nunc ferio cogitantem, ut diu fervet Deus, veneranspecor.

Hæc hactenus Miræus, quibus addere vifum, Philippum IV Hifp. Regem anno MDCLXV defunctum, reliquiffe Regnorum Ditionumque omnium hæredem filium fuum Carolum II hodieque feliciter regnantem.

---

ERRATA.

Pag. 2 lin.4 deleatur *eft*. Pag.12 in margine lin.5 avi lege *avi*. Pag.20 lin.31 Burgenfem lege *Brugenfem*.

# INDEX RERUM.

## A.

Abbatia S. Dionysii in Brokeroia, quando fundata pag. 12 & seq.
Abbatia S. Foillani Ord. Præm. prope Reux. 14
Abbatissæ Montenses ab Imp. solebant regalia suscipere. 6
Tandem Comiti Hannoniæ permansit Abbatia & Præbendarum collatio. Ibidem.
Achaia, quæ regio. 44
Acon, quæ & Ptolemais. 50
Adela nubit Canuto Daniæ Regi. 13
Alaricus Rex Gothorum, vastata Italia Romam capit, Gallam Placidiam Honorii Imp. sororem captivam secum abduxit, omnibus indulsit qui ad Sanctorum limina confugerant. 55
Albertus Præpositus & Archidiaconus Ecclesiæ Leod. 24
Alenconium *Alençon*. 31
Angia Hannoniæ opidum. 18
*Antoing* præclarum Dominium. 38
Arnulfus, duxit Beatricem, filiam & heredem Walteri Domini de Reux. 14
Athenæ. 44
*Aymeries* pulchrè describitur à Guicciardino. 18

## B.

Balduinus Hierosolymitanus Comes Hannoniæ moritur in Syria. 16
Ida ejux uxor proficiscitur Romam. Ibid.
Balduinus Flandriæ & Hannoniæ Comes moritur anno MLXX, & sepelitur in monasterio Hasnonii. 8 & seq.
Balduinus Imp. C. P. tragica morte periit. 4
*Bar-le-Duc* quando conditum. 30
Barbanson Principatus quando cœperit. 19
Barones: designantur illo nomine Proceres omnes feudatarii. 11
Baroniæ veteres Hannoniæ. 43
Barrensium Comitum & Ducum stemma scripsit Andreas du Chesne. 26
Bellavilla. 30
Betrandus *Turcq* D. de Morlanwez. 15

Bethuniæ Domini perquam diu fuêre Advocati Attrebatenses, non urbis, sed monasterii S. Vedasti. 21
Beverna *Beveren* Dynastia celebris. 39
Borbonium Archimbaldi. 29
Bossuc, quod destruxit Arnulfus Flandriæ Comes, quodnam castrum fuerit. 5
Boulers Flandriæ Baronatus. 14
Bousies, Toparchia ac familia Hannoniæ. Ibid.
Brabantiæ termini antiqui. 41
Breda munitissimum Brabantiæ opidum. 35
Brugensis Castellania, possessa olim à Comitibus Suessionensibus. 20

## C.

Carolus Dux Lotharingiæ, frater Lotharii Regis Francorum. 1
Duas habuit filias Ermengardem & Gerbergam. Ibid.
Bruxellam nativitate, habitatione & Regia sua ornavit. 2
Obiit Carolus Aureliis captivus Hugonis Capeti anno 991. Ibid.
Papebrochius asserit Carolum vixisse in annum M.I. Ibid.
Genealogia Caroli conscripta anno 1095. Ibid.
Carolus Philippus *d'Ognies* designatur Comes *d'Estrées*. 50
Castellani Castri-loci, Castellani de Bellomonte, & Castellani de Valentianis. 11
Castellani Audomarenses. 44
*Castelliones* in Gallia plures. 52
Cervia Hannoniæ opidum. 19 & seq.
Chimacum, quando in Principatum erectum. 17
Comitissa Hannoniæ accepit in augmentum sui feudi Abbatiam & Advocatiam Montensem, ac Justitiam Comitatus Haynoniensis, quam tenuerat ab Imperatore. 11
Comes Balduinus, filius Richildis, ex Ida genuit duos filios, Balduinum & Arnulfum, ac tres filias. 13
Conanus Britanniæ Comes. 30
Cour-solre locus antiquus, olim Curia Solduriorum dictus. 6
Corteniacum, *Cortenay* opidum Galliæ. 52
Craon, urbecula. 29

R Cultus

# INDEX RERUM.

Cultus S. Dionysii viguit in Brokeroia antequam inibi conditum monasterium. 13

## D.

Dammartin Comitatus. 29
Dampierre Latine Dominicum-Petri. 26
Drocarum Historiam scripsit Andreas du Chesne. 25
Dynzlaken castrum. 29

## E.

Elogium gentis Ligne. 15
Everardus *Radoulx* Princeps Mortaniæ, ejus Epitaphium. 22
Eustachius ædificavit Rodium & Mortainwees: obiit anno 1166, sepultus ad S. Foillanum. 14

## F.

Fossense monasterium quando fundatum. 12

## G.

Gavre, Castrum in Flandria. 14
Gerardus Dominus de Jauche in Gallo-Brabantia, & de Gommignies in Hannonia, floruit anno MCCXL. 15
Gisnensium Comitum Hist. scripsit Andreas du Chesne. 37
Gloceftriensis Comitatus. 30
Godefridus de Bullonio Rex Hierosolymæ, an fuerit Lotharingus Mosellanus. 4
Guilielmus Osbernius Comes de Herfort. 10

## H.

Hannonia fit feudum Episcopi Leodiensis. 10
Henricus, filius Ludovici Crassi Regis Francorum, monachus in Claravalle, dein Episc. Belvacensis, post Archiepisc. Remensis. 52
Henricus Geldrensis LXIX Episcop. Leod. ob crimina depositus. 36
Henricus Comes Lovaniensis occiditur Tornaci in armorum Ludo. 28
Henricus, Lovaniensium & Bruxellensium Comes, moritur Tornaci anno 1095. 13
Hidulphus Princeps Laubiensis, an fuerit Monachus. 7 & seq.
Historia Mariæ Abbatissæ Rumesiensis, Stephani Anglorum Regis filiæ. 4
Honorius Imp. Alarico Gothorum Regi Gallias attribuit. 54
Hugo Magnus Veromanduorum Comes. 16
Hugo Dominus de Rummengni. 19
Hugo de Petra-ponte *Pierrepont* Episc. Leod. 23

## I.

Jacobus de Avennis, Dux belli Sacri fortissimus, quomodo mortuus, elogium ejus. 3
Jacobus de Avennis immunem se ostendit, de morte Roberti Cameracensis Electi. 52
Joannes Angianus, Episc. LXX Leod. tragica morte periit. 36
Joannes sine terra. 30

## L.

Lambertus aliter *Baldericus* Comes Brux. sepelitur Nivellis. 27
Lentium in Hannonia. 14
Lentium oppidum Comitatus Artesiæ. 14
Leo IX Rom. Pont. venit in Hannoniam, ut Richildem Comitissam inviseret. 9
Ligne Principatus in Hannonia. 15
Lotharingiæ & Brabantiæ Ducatus conferuntur ab Henrico Imp. Godefrido Comiti Lovaniensi: cujus successores deinde vocati sunt Duces. 28
Ludovicus Transmarinus. 27
S. Ludovicus Francorum Rex cum duobus fratribus capitur. 34
Ludovicus Francorum Rex moritur in Africa. 35
Ludovicus VI, Mauriennæ Comitis filiam duxit. 50

## M.

Malbodium primitus Monasterium Ord. S. Benedicti, nunc Collegium Canonicarum. 17

Mar-

# INDEX RERUM.

Marcia, *la Marche*. 30
Marla opidum Picardiæ. 16
*Maſſore* in Africa. 50
Matiſconenſis Comitatus venditur S. Ludovico Francorum Regi. 25
Mathildis Comitiſſa omni ævo memoranda. 57
Matiſconenſium Comitum ſeriem vulgavit Petrus de *Sancto Iuliano*. 26
Meſſena ſive Meſſina, Abbatia in Flandria, quando condita. 13
Monaſterium S. Huberti, à quo & quando conditum. 16
Monaſterium S. Vedaſti. 21
Monaſterium Fontis-Evraldi. 26
Monaſterium S. Benigni. 27
Monaſterium S. Bertini. 46
Monaſterium S. Benedicti ad Ligerim. 50
Monaſterium Villarium. 53
Monaſterium Clarævallis. 52
Monaſterium Gillengemium. 37
Monaſterium S. Stephani. 27
Monaſterium Affligemenſe. 28
Monaſterium Ließies. 31 *& ſeq*.
Monaſterium Vallis Ducis ſeu Parcum Dominarum. 29
Montenſium Canonicarum Collegium, primitus Monaſterium fuit Ord. S. Benedicti. 8
Montfort, complures ſunt iſtius nominis Toparchiæ. 17
Mortania pagus cum caſtro. 14
Mortaniæ Domini, aliquot ſeculis fuerunt Caſtellani Tornacenſes. 22

## P.

Pares Hannoniæ XII. 15
Petrus de Cortenaio vir probiſſimus. 53
Perwez juxta Condatum. 51
Perwiſium Gallo-Brabantiæ municipium & Baronatus. 28
Philippus de Jauche creatur Comes de Maſtain. 16
Pontivenſis Comitatus. 50
Prælium Caſletanum anno MLXXI, in quo cæſus Flandriæ Comes Arnulphus. 9
Prælium Hugardienſe. 27
Prælium apud Florinas. 27

## R.

Radulphi Epiſc. Leod. I & II vita & mors. 24

Reinerus Princeps occiditur. 27
Retel ſcribebatur olim Reiteſte. 19
*Reux* Hannoniæ opidum, Comitatus titulo à Carolo V Imp. decoratum. 14
Richeldis ſeu Richildis Ragineri IV Hannoniæ Comitis filia & hæres. 8
Robertus Friſo moritur anno MXCIII, ſepelitur apud Kaſletum. 13
Robertus Comes Arteſiæ. 29
Rogerius Epiſcopus Cathalaunenſis, qualis fuerit. 8

## S.

Salinæ urbs Comitatus Burgundiæ. 26
Salmenſium Comitum familia in Ardenna & Lotharingia. 36
*S. Simon* familia illuſtris. 48
Sueſſionenſes Comites Domini Terræ de *Neele*, & Caſtellani Brugenſes. 20

## T.

Thebæ plures in orbe ſunt. 44
Theſſalonica, urbs vetus Macedoniæ. 44
Torote familia illuſtris in Francia. 51
Traſegnies caſtrum vetus. 34
Traſiniaci Dominus Ægidius vendit Athum Balduino Hannoniæ Comiti. 41
Tryt vicus Hannoniæ. 14

## V.

Valeti ſeu Vaſlecti interpretatio. 40
Viennenſium Comitum ſtemma accuratè ſcripſit Alexander Wilthemius. 35

## W.

Wandalorum, Hunnorum & Normannorum vaſtationes quando in Belgio contigerint. 7

## Y.

Ysenburg caſtrum. 29

## Z.

Zaringenſium Ducum potentia. 24

FINIS.

Tournay 28.

Couey p 17. 21. 34. 35. 36. 37. 39 in 30.38 etfui
Mostécoüey 16.

www.ingramcontent.com/pod-product-compliance
Lightning Source LLC
LaVergne TN
LVHW050621090426
835512LV00008B/1608